김건희
죽이기

김건희 죽이기

선동은 이성을 어떻게 무너뜨리는가

유창선 지음

도서출판 새빛
SAEVIT

이성을 비웃는 혹세무민의 정치

정치에 관한 책을 냈던 것이 지난 2021년 봄이었다. 전작 『나는 옳고 너는 틀렸다』에서 나는 우리 정치를 증오와 저주의 늪으로 빠뜨린 진영의 정치, 그리고 내로남불의 정치를 비판했다. 선악의 이분법을 넘어 공존의 정신을 가진 새 정치인들이 합리와 이성의 정치시대를 열어가야 함을 또한 말했다. 광기의 정치에 염증과 환멸을 느낀 많은 분들이 공감해주었고 책에 대한 관심도 제법 뜨거웠다.

하지만 책은 현실 앞에서 무력할 수밖에 없다. 정치인들은 우리의 간곡한 호소에 아랑곳하지 않고 변함없이 증오와 저주의 정치를 해나갔다. 그 사이에 대통령선거도 치러졌지만 아무런 소용이 없었다. 정치는 생사를 건 전쟁터가 되어버렸고, 타협과 조정을 본령으로 하는 정치는 아예 자취를 감춰버리고 말았다. 수십 년간 정치평론을 하면서 우리 정치를 지켜보았지만, 이런 정치는 보다 보다 처음 본다.

특히 대선을 거치고 지금까지도 심각하게 나타난 것은 혹세무민하는 선동의 정치였다. 정치적 필요에 따라 만들어진 가짜뉴스들이 정치적 네트워크를 통해 대대적으로 유포되었고, 여론을 조작하려는 공작과도 같은 행태들이 계속 이어졌다. 이제 민주주의가 어느 정도 정착되었다고 믿었건만, 거짓이 진실을 조롱하는 선동의 정치는 그렇게 민주주의를 위협했다. 그것은 우리 정치의 퇴행을 의미한다. 이 책은 근래 들어 우리 정치에서 횡행했던 선동의 정치가 우리 사회의 이성을 어떻게 무너뜨렸던가를 진단하고 있다.

이 책의 1부에서 3부까지는 우리 정치를 흔들어온 선동의 정치를 분석하고 있다. 20대 대선정국 부터 최근에 이르기까지 어떤 거짓 선동들이 있었던가를 하나씩 짚어보고 있다. 이렇게 모아놓고 보니 국민들을 바보 취급하는, 참으로 참담한 정치라는 생각이 다시 한번 든다. 우리의 이성을 마비시키는 그런 선동정치를 어떻게 넘어서야 할 것인가에 대한 저자의 생각도 함께 담고 있다.

선동의 사례들을 보면 민주당 진영과 관련된 것이 많은 편이다. 왜 한쪽 진영만 문제 삼느냐고 이의 제기할 분도 있을지 모르니 약간의 설명을 해두기로 하자. 사실 돌아보면 선동의 정치는 과거 시절에는 보수 정치세력의 전유물과도 같았다. 과거 독재정권 시절, 권력은 자신들에 대한 비판세력을 탄압하기 위해 마타도어를 유포하는가 하면 색깔론을 무기로 삼기도 했다. 그런데 언제부터인가 그런 행태의 중심이 보수 진영으로부터 민주당 진영으로 이동하는 현상이 나타났다. 지난 시절 보수정권으로부터의 마타도어에 의해 박해받고 희생당했던 세력이 이제는 거꾸로 그 주체가 되는 역사의 아이러니를 목격하게 되었다. 저자는 의도적으로 한쪽 진영만 문제 삼는 편파적 의도를 가질 이유가 없다. 어느 정파가 이기고 지든, 나는 아무런 이해관계가 있을 것이 없다. 과연 공정한가라는 질문을 누군가 한다면, 내 눈으로 지켜보고 내 머리로 판단한, 있는 그대로의 내용들이라고 대답하고 싶다.

돌아보면 민주당 진영에서 선동정치가 창궐했던 것은 팬덤정치에 갇히게 된 시기와 궤를 같이한다. 합리와 이성이 거세되고 불타는 신념만이 넘치는 팬덤정치의 구조는 반이성적인 선동정치의 든든한 버팀목이 되었다. 반면 보수정당 세력은 박근혜 전 대통령 탄핵 사태를 거치며 궤멸적 상황에 직면했고, 21대 총선에서의 참패 이후에는 그래도 극단주의와 거리를 두려는 조심스러운 태도를 유지해온 편이었다. 선동정치를 다루고 있는 이 책의 내용에서 양쪽 진영의 불균형이 나타나는 것은 그런 배경 때문이기도 하다.

그렇다고 이 책이 민주당 반대편, 그러니까 보수정당 진영의 편에서 우리 정치를 바라보는 것은 전혀 아니다. 정권교체 이후 국정을 책임진 보수 집권세력은 민주당의 정치와는 또 다른 차원에서 여러 문제들을 드러내 왔다. 대선 때만 해도 국민통합을 말하던 윤석열 정부였지만, 더 이상 그런 말을 입에 담지 않는다. 굳이 중도층의 마음을 얻으려는 정치적 의지가 발견되지도 않는다.

문재인 정부 시절의 편가르기 진영정치를 그렇게도 비판했던 보수정치 세력은 과연 그것을 넘어서고 있는가를 생각해야 할 때이다. 그래서 4부에서는 보수 정치세력의 과도한 우편향이 스스로를 다시 진영정치의 굴레 속에 갇히게 만들 것에 대한 지적과 우려를 담고 있다. 그리고 5부에서는 이성에 반하는 우리 정치사회의 각종 상황들에 대한 진단을 하는 동시에, 합리와 이성의 사고가 이끄는 미래정치를 향한 제언을 담고 있다. 세상과 인간을 바라보는 저자의 철학이 반영되어 있는 글들이 많다.

이 책의 제목에 대해 간단한 설명이 필요할 것 같다. 『김건희 죽이기』라는 제목은 이제는 대통령의 배우자가 된 김건희 여사에 대한 평가나 호불호의 입장을 담고 있지 않다. 다만 지난 대선을 거치고 현재에 이르기까지 '김건희'라는 이름은 마타도어와 선동정치의 집중적인 타깃이 되었다. 하나의 정치적 현상이 되었던 그 내용은 이 책에서 당연히 많은 비중을 차지하고 있다. 경쟁하는 정치인 당사자가 아니라 그의 배우자를 집중적인 선동과 공격의 대상으로 삼았던 것은 우리 정치사에서 전례가 없는 일이었다. 그래서 선동정치의 문제를 다루고 있는 이 책의 제목을 『김건희 죽이기』로 한 것은 그만한 상징성이 있다는 판단 때문이었다.

이 책에 수록한 글들은 저자가 고정적으로 쓰고 있는 여러 언론들에 실렸던 칼럼들과 책을 위해 새로 쓴 글들이 섞여 있다. 기존에 썼던 글들은 시간이 조금 지났어도 의미가 여전히 유효한 글들을 선별했고, 현재의 시점에서 읽었을 때 어색함이 없도록 손질했다. 대부분 원문 그대로 수록하지 않았기에 출처는 일일이 밝히지 않았다.

세월 속에서 모든 것은 변화한다. 젊은 시절부터 정치평론을 업으로 했던 저자도 세상과 인생을 보는 눈이 많이 달라졌음을 느낀다. 거창한 이념과 구호를 외치지 않더라도 어쩌면 단순한 상식으로 돌아가는 것이 정치와 인생의 기본이라는 생각이 든다. 상식이라는 기본만 지켜도 우리는 훨씬 나아질 수 있다. 그러니 세상의 모든 것들이 다 변화해도 유독 정치만은 달라지지 않고 있는 현실은 불행한 일이다.

이 책이 세상으로 나올 수 있도록 해준 여러 분들께 감사드린다. 이 책이 우리 사회의 참담한 정치를 개선하고 이성의 복권을 가져오는데 아주 조그마한 자극이라도 될 수 있기를 소망한다.

2023년의 초여름에

유 창 선

차례

2 팬덤정치가 낳은 반지성주의

4 진영의 정치를 넘어서기 위해

5 이성의 복권, 미래를 향한 정치

'광우병 괴담'에 대한 기억

요즘 마트나 식당에 가면 미국산 소고기를 흔하게 볼 수 있다. 아마 눈앞에 있는 소고기가 미국산이라는 이유로 먹지 않겠다는 사람은 이제는 거의 없을 것이다. 당장 나부터가 그러하다. 맛은 한우에 비할 바가 못되지만 한우 가격에 비해 많이 싸니, 가성비 면에서는 미국산 소고기도 괜찮은 편이다.

미국산 소고기를 태연하게 먹는 우리

실제로 지난 2021년 우리나라 소고기 수입량은 45만 2,812t으로 역대 최고치를 기록했다. 그 가운데 미국산 쇠고기가 27만 3,638t

을 차지해서 수입 소고기의 절반이 미국산이 되었다. 미국산 소고기 수입 세계 1위 국가가 된 것이다. 한·미 FTA가 체결된 데다가, 세계적으로 광우병이 사실상 소멸되면서 광우병 공포가 사라진 결과이다.

우리가 흔히 말하는 광우병의 정식 명칭은 소해면상뇌증으로 소나 양 등에서 나타나는 만성 신경성 질환이다. 세계동물보건기구OIE는 소해면상뇌증 감염 차단을 위해 소에게 주는 사료 원료를 제한하는 조치가 장기간 실시됨에 따라 소해면상뇌증 발생 건수와 위험성이 현저히 낮아졌다고 판단하고 있다.

지난 2008년 광우병 촛불집회가 있었을 때 '뇌 송송 구멍 탁', '미친 소 너나 먹어' 등의 구호가 광화문 광장을 뒤덮었을 때를 생각하면 격세지감이라는 말이 떠오른다. 이제는 아무렇지도 않게 식당에서 미국산 소고기를 먹는 나는 속으로 무척 민망함을 느낀다. 광우병 촛불집회가 열렸을 때 나 또한 광장으로 나가 촛불을 들고 '미국산 소고기 수입 반대'를 외쳤기 때문이다. "대체 그때 나는 무엇을 했던 것이지?" 그런 생각을 두고두고 하게 되었다.

'광우병 괴담'을 믿었던 정치적 심리

그 당시 나의 상태를 솔직히 고백하면 이렇다. 사실 나는 광우병에 대해 아는 것이 아무것도 없었다. 단지 MBC ‘PD수첩’에서 미친 소가 쓰러지는 장면을 보고는 깜짝 놀랐고 우희종 교수 같은 학자들이 나서서 광우병의 위험함을 말하는 것을 들었을 뿐이다. 그래서 “미국산 소고기를 먹다가는 광우병에 걸릴 수 있구나” 하는 공포감을 갖게 되었다. 조금 더 솔직하게 말한다면 이런 심리도 있었다. 나는 그 시절에는 진보 쪽 진영의 편에 서 있었을 때였으니 보수 정권인 이명박 정부에 반대했다. 그런 나에게 ‘광우병 괴담’은 구태여 진위를 검증해야 할 필요성을 느끼지 못하는 문제였다. 내가 반대했던 이명박 정부가 한 일이니 ‘광우병 괴담’을 사실로 믿고 싶었고, 다른 사람들에게도 그렇게 알리고 싶었을 것이다. 이명박 정부는 틀림없이 그런 나쁜 협상을 했으리라는 예정된 결론을 갖고 있었던 셈이다.

잠시 당시의 상황을 정리해 보자면 이러했다. 이명박 정부가 들어선 직후인 2008년 4월, ‘뼈와 내장을 포함한 30개월 이상, 대부분의 특정 위험부위를 포함한 30개월 미만’의 미국산 소고기를 수입하는 협상이 한미 간에 체결되었다. 미국산 소고기 수입이 중단되었던 것은 2003년 12월의 일이었다. 미국에서 광우병 의심 사례가 발견되자, 정부는 미국산 소고기와 육가공품의 검역을 중단시켜 사실상의 수입금지 조치를 내렸다. 한미 양측은 2007년 10월에도 협상을 했지만, ‘모든 종류의 광우병 특정 위험물질과 내장, 꼬리 등의 부산물은 받을 수 없고, 30개월 미만이라는 연령 제한 규정도 유지하겠다'는 우리 측 입장과 이를 수용할 수 없다는 미국 측 입장이 평행선을 달려 합의는 이루어지지 못했었다.

그러던 것이 이명박 정부가 들어서고 얼마 되지 않은 4월 18일에 정부가 한미 소고기 수입 협상 타결을 전격 발표한 것이다. 타결된 내용을 보면 '1단계로 30개월 미만의 뼈를 포함한 미국산 쇠고기 수입을 허용하고, 2단계로 미국이 동물 사료 금지 조치를 강화하면 30개월 이상 쇠고기도 수입키로 했다'는 것이 핵심이었다. 이는 30개월 미만의 뼈 없는 살코기 수입만을 허용했던 2006년의 수입위생조건에서 크게 후퇴한 것이 사실이었다. 정부가 국민의 건강을 외면하고 검역주권을 포기했다는 비판 여론이 확산되기 시작했다. 정부는 '광우병은 구제역과 달리 전염병이 아니며, 광우병 위험이 과장된 측면이 있다'고 설명했지만 국민들이 갖는 우려를 해소하기에는 역부족이었다.

이 부분은 분명 당시 이명박 정부의 책임이 따르는 일이었다. 국민건강과 관련된 협상의 과정을 국민에게 투명하게 공유하지 않은 채 갑자기 타결 내용을 발표했으니 뒤늦게 논란이 불거질 수밖에 없었다. 타결된 내용도 이전 정부가 고수해왔던 입장에서 후퇴한 것이 사실이니 비판 여론이 대두되는 것은 당연한 일이었다.

촛불집회에 불붙였던 '광우병 괴담'

국민의 건강은 뒷전으로 둔 채, 검역 주권을 포기했다며 비판 여론이 들끓었다. 그러나 정부 당국자는 "복어 독을 제거하듯 광우병 소도 위험 물질만 제거하면 안전하다"고 발언하는 등 국민의 불안과는 큰 인식 차이를 보였다. 야당과 시민단체가 일제히 협상의 백지화와 책임자 문책을 촉구하고 나섰다. 일주일 만에 100여만 명이 쇠고기 협상을 규탄하는 서명운동에 참여하는 등 파문은 급격히 확산됐다. 이명박 정부는 뒤늦게야 미국산 소고기의 안전성 설명회를 열기도 하고 국민들을 이해시키기 위한 여러 대책들을 내놓았지만, 미국산 소고기 수입에 반대하는 촛불집회가 대대적으로 확산되기에 이르렀다.

그러면서 광우병의 위험을 둘러싼 논란이 확산되기 시작했다. 인터넷을 통한 광우병에 대한 잘못된 정보의 유포를 통해, 흔히 미국산 소고기는 공기로도 전염되는 광우병을 가지고 있다는, 사실과 다른 내용이 확산되기도 했다. 미국산 소고기를 먹으면 뇌에 구멍이 뻥뻥 뚫리고 사람이 죽는다는 괴담이 퍼졌다.

MBC 'PD수첩'은 이명박 정부 출범 직후인 2008년 4월부터 '긴급취재 미국산 쇠고기 과연 광우병에서 안전한가'를 연속 방송했다. 이 방송에서는 "주저앉는 소는 모두 광우병에 걸린 소다", "한국인의 94%가 광우병 걸릴 위험이 있다"는 보도를 내보냈다. 특히 주저앉은 광우병 의심소를 도축하는 장면, 인간 광우병 여성의 죽음 등은 충격적으로 받아들여졌다. 이 방송은 당시 촛불집회를 확산시키는데 결정적인 역할을 하게 된다. 그러나 3년 뒤 MBC는 법원의 판결에 따라 사과방송을 하게 되었다.

방송의 내용들은 사실과 많이 다른 것으로 나중에 판명되었다. PD수첩이 '광우병 의심소'라던 '주저앉는 소(다우너)' 영상은 동물학대 영상이었고, 한국인이 유전적으로 광우병에 잘 걸린다는 주장은 '근거 없음'으로 확인되었다. 수많은 국민들을 촛불집회로 나가게 만들었던 MBC의 보도는 사실이 아니라 과장과 허위였던 것이다. 그러나 당시 광우병 공포에 휩싸인 주부들이 유모차를 끌고 촛불집회에 나왔고, 중고생들도 교복을 입은 채로 집회에 참석했다. 광화문에서 서울시청 앞까지 미국산 소고기 수입에 반대하는 인파로 가득 찼다.

당시 광우병 괴담은 이명박 정부에 대한 국민의 분노를 확산시켜 결국 이명박 대통령은 대국민 사과를 하게 되었고 미국과의 사실상의 재협상이 진행되었다. 하지만 그로부터 15년의 시간이 지난 지금, 광우병 괴담은 자취를 감춰버리고 사라졌다. 국제수역사무국OIE은 광우병 위험 평가에서 미국과 호주·한국을 비롯해 대부분의 국가를 '청정Negligible BSE risk'으로 분류하고 있다. 이는 무시해도 될 정도로 안전하다는 의미이다. 1992년 3만 7,316건에

달했던 세계 광우병 발생은 계속 줄어 2015년 7건, 2016년 2건에 그쳤다. 광우병은 더 이상 문제가 되지 않고 있다.

선동에 넘어가는 바보가 되지 말자

온 국민을 공포에 몰아넣었던 광우병 괴담은 어떻게 된 것이었을까. 광우병 괴담은 사실에 근거한 과학적 판단이 아니라 정치적 반대를 위해 만들어낸 정치적 선동이었던 셈이다. 물론 당시 정부가 국민건강과 직결된 협상을 하면서 국민과의 소통을 제대로 하지 못한 잘못은 분명히 있었다. 그러나 그렇다고 해서 그런 괴담이 정당화될 수는 없는 일이었다. 그럼에도 15년 전 그런 괴담을 앞장서서 퍼뜨렸던 학자, 언론, 유명인 등 많은 사람들 가운데 자신의 주장이 사실과 달랐음을 인정하고 사과했다는 얘기를 들어본 적이 없다.

세월이 지난 지금, 그런 괴담을 믿었던 과거의 나, 하지만 이제는 미국산 소고기를 태연하게 잘 먹고 있는 나 사이에서의 민망함을 느끼게 된다. 그것은 내 머리로 판단하지 않고 혹세무민하던 사람들의 얘기에 쉽게 넘어간 자신의 모습에 대한 수치심 같은 것이다. 다시는 그런 바보가 되지 않기로 다짐한지 오래되었다. 사실이 아닌 선동에 우리는 종종 그렇게 바보가 되고 만다.

그래서 이 책은 더는 바보가 되지 말자는 다짐을 함께 하려는 것이기도 하다.

1

악마 만들기 정치시대

"이성이 잠들면 괴물이 깨어난다."

프란시스코 고야의 판화집

증오와 저주의 언어들,
정치가 사라졌다

"법적인 책임을 어떻게든 회피하고자 발악하고 있다." "나 혼자 살아보자고 추태를 부리고 있다." 지난해 11월 14일에 열린 국회 예산결산특별위원회 질의에서 강선우 더불어민주당 의원이 이상민 행정안전부 장관에게 쏟아낸 말들이다. "(이런 감정은) 부모한테 배우고 사회에서 길러지는 것이다. 장관님은 부끄러움을 모르시는 것 같아서 그렇다고 보고, 배우지 못하신 것 같아서 안타깝다"고도 했다.

국회의원들의 극언 정치 행진

부모한테 제대로 배우지 못했음을 탓하는 강 의원의 나이는 당시 45세. 58세 나이의 이 장관 보다 열세 살이나 적다. 나이라는 인생의 계급장을 떼고 붙는 곳이 국회이겠지만, 그런 연하의 국회의원에게서 '부모에게 배우지 못했다'는 소리를 듣는 50대 후반의 장관은 어떤 생각이 들었을까. 이태원 참사에 대해 이 장관이 제대로 책임지지 않았다는 비판을 받을 점은 분명히 있었다. 하지만 그렇다고 이런 막말을 쏟아내는 국회의원의 모습이 정당화될 수는 없는 일이다. 책임을 따지는 것이 목적이어야지 인격을 모독하는 것이 목적이 되면 안 된다.

같은 민주당의 김용민 의원은 '사악'이라는 단어를 입에 자주 담곤 한다. 캄보디아 방문 중 헤브론 의료원과 로타 소년의 집을 방문한 김건희 여사를 향해 "고통받는 사람들을 장식품처럼 활용하는 사악함부터 버리기 바랍니다"라고 원색적으로 비난했다. 윤석열 정부를 향해서는 "무능하고 사악한 정권"이라고 말하곤 한다. 사전을 검색해보니 '사악邪惡'이란 '간사하고 악함'이라는 의미이다.

이쯤 되면 윤석열 정부는 악의 세력이니 아예 인정할 이유가 없는 것이고 하루 빨리 무너뜨리는것만이 최선이 된다. 물론 윤석열 정부는 집권 이후 비판받을 많은 문제들을 드러냈고, 정권 교체를 선택한 국민의 기대에 어긋난 모습으로 지지율이 크게 추락하기도 했었다. 정권이 길을 잃으면 그것을 비판하고 견제하는 것은 야당의 당연한 책무다. 그렇지만 아예 상대를 '악의 세력'으로 규정하고 나면 얘기는 달라진다. 그때부터는 타도하기 위한 투쟁만이 필요할 뿐, 상대를 인정하는 타협과 조정의 정치는 불필요해지기 때문이다. 입만 열면 '사악한 정권'을 말하는 국회의원은 굳이 정치를 할 이유가 애당초 없었던 것이다. 그냥 제도권 밖의 거리에서 정권퇴진 투쟁에 전념하면 되는 일이었다. 굳이 국회의원 선거에 출마해서 국회로 들어간 것은, 어디까지나 헌법의 틀 안에서 정부를 견제하겠다는 국민과의 약속이 담긴 것이기도 하다.

평소 '청년정치'를 내세웠던 장경태 민주당 최고위원도 당 회의 자리에서 김건희 여사의 병원 방문을 문제 삼았다. 그러면서 "김건희 여사의 빈곤 포르노 화보 촬영이 논란이 되고 있다"는 말을 했다. '빈곤 포르노'란 동정심을 불러일으킬 목적을 가지고 가난을 자극적으로 연출한 것을 의미한다. 사전적 의미만 놓고 봤을 때는 물론 성적인 자극을 의미하는 것은 아니다. 그런 점에서 이 표현이 '반여성적'이라고 하는 국민의힘 측의 반발은 과잉해석의 측면이 있었다. 하지만 사전적 의미가 무엇이든, 장 최고위원이 그것을 의도했는지에 상관없이, 듣는 사람들에게는 모욕을 담은 매우 부정적인 의미로 받아들여지는 것이 사실이다. 하지만 자신의 발언에 대한 논란에도 불구하고 장 최고위원은 끝내 사과하지 않았다.

막말 정치,
보수정당 전유물에서 민주당의 특기로

물론 정치인들의 극언이 야당에서만 나오는 것은 아니다. 권성동 국민의힘 의원은 지난해 10월 국정감사 때 김제남 한국원자력재단 이사장에게 "차라리 혀를 깨물고 죽지"라고 발언해 논란을 불러일으켰다. 같은 당의 김성원 의원은 수해현장 봉사활동을 갔다가 "솔직히 비 좀 왔으면 좋겠다. 사진 좀 잘 나오게"라는 어처구니없는 말을 해서 물의를 빚기도 했다.

그러니 정치권의 막말 혹은 실언들은 여야 어느 한쪽의 문제만은 아니다. 그럼에도 근래 들어 극단적이고 거친 말들은 주로 민주당 진영에서 많이 나오는 것이 사실이다. 과거 우리 정치에서 막말은 보수 진영의 전유물처럼 여겨지던 시절이 있었다. 특히 이념적인 색깔론을 들이대며 극언을 일삼아온 것이 보수정당 계열의 흑역사이기도 하다. 지난 2020년 4·15 총선에서 보수정당인 미래통합당이 참패한 데는, 물론 코로나19 사태가 여당에게 유리한 환경을 조성해 준 원인도 컸지만, 보수정당 후보들의 잇따른 막말과 실언들이 중도층의 등을 돌리게 만든 영향도 한몫 단단히 했다.

그러던 것이 언제부터인가 민주당 진영에서 험한 극언들이 쏟아져 나오고 논란거리가 되는 상황이 반복되고 있다. 그런 변화의 원인은 몇 가지로 분석할 수 있다. 첫째, 민주당의 의석 수가 월등하다 보니 아무래도 비율상 설화舌禍가 민주당 쪽에서 많이 나오게 되어있다. 둘째, 윤석열 정부에 대한 민주당 정치인들의 증오심이 그만큼 깊다는 얘기이다. 셋째, 팬덤정치가 민주당을 주도하니 강성 지지층의 입맛에 맞는 강경한 언어의 경쟁이 불붙었고, 그런 말들이 얼마나 자극적이고 극단적인가를 분별할 언어 감수성이 떨어졌다. 이런 이유들 때문에 특히 민주당에서는 극단적인 언어의 사용을 대수롭지 않게 여기고, 논란이 불거져도 좀처럼 거두어들이지 않는 문화가 굳어진 것이다. 보수정당 쪽에서는 오히려 과거 막말들로 인해 호된 대가를 치른 기억들을 갖고 있기에 근래 들어서는 언행을 조심하는 편인데, 민주당의 경우는 긴장의 고삐가 풀려버린 모습이다.

종교인들까지 저주의 극언 날리는 사회

정치권에서부터 이러다 보니 사회 전체가 증오와 저주의 언어들에 둘러싸여 버렸다. 주말마다 보수단체들의 집회를 이끌고 있는 전광훈 목사는 마이크를 잡고 "문재인과 이재명은 주사파, 대한민국에 살면서 북한을 더 좋아하는 이들"이라고 주장하면서 "북한으로 가지 않는다면 구치소에 보내야 한다"고 외쳐댄다. 대한민국의 전직 대통령과 야당 대표를 가리켜 구체적인 입증의 근거도 없이 무턱대고 '주사파'라고 주장하는 것 또한 언어의 폭력이며 정치적 선동이다.

그런데 참담한 것은 종교인들까지 그런 저주의 경쟁에 참전하는 광경이다. 윤석열 정부를 반대하는 진영에서는 신부들까지 나서서 죽음을 기원하는 증오와 저주의 언어들을 쏟아낸다. 대한성공회 김규돈 신부는 윤 대통령 부부가 해외순방에 나서자 "전용기가 추락하길 바라마지 않는다. 온 국민이 '추락을 위한 염원'을 모았으면 좋겠다"는 글을 페이스북에 올려 물의를 빚었다. 천주교 대전교구 박주환 신부도 윤 대통령 부부가 전용기에서 추락하는 모습을 합성한 사진을 게시하면서 "비나이다~비나이다"라는 문구까지 넣었다. 김디모데 목사는 페이스북을 통해 "이 바닥 NGO나 구호단체들 사이에서 금기시되는 대표적 쓰레기 짓이 있는데 바로 김건희씨가 한 저 짓"이라고 썼다. 누구보다 용서와 화해의 목소리를 내야 할 종교인들까지 증오와 저주의 정치에 참전한 광경은 우리 시대가 어디에 서있는가를 생생하게 보여준다. 우리 사회가 어쩌다가 이렇게까지 되었는지. 대체 정치가 뭐라고.

정치적 생각이 다르다고 해서 그들의 죽음을 공개적으로 빌고 있는 성직자들을 대체 어떻게 이해해야 하는 것일까. 대통령 전용기가 추락하면 그 비행기에 타고 있는 사람들 모두가 죽는다는 사실을 생각해 보기나 했을까. 파장이 커지자 대한성공회는 김규돈 신부를 직권면직 시켰고, 천주교 대전교구는 박주환 신부를 정직 조치했다. 그러나 아무리 사과를 하고 징계한들, 용서와 화해를 이끌어야 할 신부들이 사람들의 죽음을 기원하는 광경이 준 상처는 잊히지 않을 것이다. 타인들에 대한 증오와 저주에 매달린 두 신부의 모습은, 집시 여인 에스메랄다에 대한 욕정 때문에 사람들을 죽이는 악인이 되어버린 노트르담 성당 프롤로 신부의 모습과 다를 바 없다. 상대를 오직 악마로 여기는 정치가 판을 치니, 신부들마저 사람들의 죽음을 기원하는 지경에 이른 것이다.

막말과 극언의 정치는 단순한 언어의 문제는 아니다. 언어학자 비트겐슈타인은 "언어는 삶의 문맥에 따라 존재한다"고 했다. 우리 정치에 난무하는 극언들은 극단주의적 증오 정치라는 맥락 속에서 나오는 것이다. 언제부터인가 우리 정치는 강경한 목소리들이 판을 장악해 버렸다. 여와 야, 혹은 보수와 진보는 공존하며 경쟁하는 관계가 아니라, 상대를 죽여야 내가 사는 살벌한 관계가 되고 말았다. 민주와 독재가 대결하던 수십 년 전의 정치에서도 이렇게까지 대결만 있고 정치가 부재했던 때는 없었다. 아무리 서로 싸우더라도 고비마다 정치력을 통해 갈등을 해결하려는 노력이 포기된 적은 없었다. 그런데 지금은 독재냐 민주냐를 가르는 선악의 이분법 시대도 아닌데, 정치는 사라지고 사활을 건 대결의 언어들만이 정치판을 뒤덮고 있다.

여야는 상대의 막말이 있을 때마다 국회 윤리위원회에 서로 제소한다. 하지만 솜방망이일 수밖에 없는 윤리위 제소로 막말이 다스려진다는 말은 듣지 못했다. 문제의 근원은 팬덤정치를 등에 업고 강경 대결 일변도로 가는 정치에 있다. 2024년 총선을 거치면서 여야의 자정 노력을 통해, 그리고 유권자들의 심판을 통해 극단주의 정치를 극복해내지 못한다면 막말과 극언의 정치는 태연하게 계속될 것이다. 누가 저급한 막말들을 쏟아내며 우리 정치를 증오와 저주의 늪에 빠뜨렸는지 유권자들이 기억해야 한다.

'윤석열-김건희'라는 악마와 싸우는 정치

지난해 11월 느닷없는 '오드리 햅번'의 이름이 정치판에 등장했다. 윤석열 대통령의 동남아시아 순방에 동행한 김건희 여사가 캄보디아 병원에서 선천성 심장질환을 앓고 있는 아이를 안고 있는 사진이 공개되면서였다. 세계적 영화배우이자 자선사업가인 오드리 햅번을 따라 했다는 주장이 야당 진영에서 제기된 것이다.

심장병 환아 방문에 대한 야당의 비난

김 여사가 방문했던 헤브론 의료원은 지난 2007년 김우정 원장

등 한국인 의사들이 세운 의료시설이다. 작은 규모의 진료소로 시작했지만 이제는 매년 6만여 명을 진료하는 중요 의료기관이 된 곳이다. 그렇기에 김 여사의 병원 방문은 캄보디아에서 우리 교민들의 활동에 대한 관심과 지원의 의미도 있고, 양국의 보건 협력의 일환으로 해석될 수 있는 일이었다.

그런데 야당 진영에서는 병원 방문에 대한 비판이 쏟아졌다. 캄보디아 정부가 세계 정상들의 배우자들에게 앙코르 와트 방문을 요청했는데 김 여사는 병원을 방문했으니 외교적 결례였다는 것이다. 이 주장은 맞는 것이었을까. 조현동 외교부 1차관이 국회 예산결산특별위원회에서 한 답변에 따르면, "주최 측에서 앙코르 와트 방문을 배우자들에게 권고 프로그램으로 제시해온 것으로 알고 있고, 각자 판단에 따라 참석하는 것이고 의무적으로 가는 것은 아니다"라는 것이었다. 조 차관은 "참석한 각국 정상과 국제기구 수장 배우자가 11명인데, 프로그램에 참여한 배우자는 다섯 분이고, 여섯 분은 각자 별도 일정을 한 것으로 알고 있다"고 설명했다. 외교부 당국자의 국회 답변이니 이 설명은 아마도 사실이었을 것이다. 이 답변에 대한 야당 측의 반박도 없었다. 결국 외교적 결례라는 주장은 현지의 상황을 모르는 사람들 입에서 나온 얘기였던 셈이다.

민주당 측이 특히 민감하게 반응했던 것은 김 여사가 소년 로타의 집을 찾아가 찍은 몇 장의 사진이었다. 오드리 헵번을 따라

하면서 이미지를 연출하기 위한 쇼를 했다는 것이다. 장경태 최고위원은 "김 여사가 집 앞에서 소년을 안아 든 모습에 복장, 시선, 분위기 모두 1992년 오드리 헵번이 소말리아에서 영양실조 아동을 안고 찍은 사진과 흡사하다"고 지적했다. 그러면서 "김건희 여사의 '빈곤 포르노' 화보 촬영이 논란이 된다"고 주장했다. 김용민 의원도 "(오드리 헵번을) 따라 하고 싶으면, 옷차림이나 포즈가 아니라 그들의 마음과 희생을 따라 하라"며 "고통받는 사람들을 장식품처럼 활용하는 사악함부터 버리기 바란다"고 김 여사를 원색적인 용어로 비난했다. 환아를 안은 사진을 찍었다고 '사악함'이라는 말까지 등장했다.

민주당 외곽에 있는 인사들도 비난의 대열에 가세했다. 박지원 전 국정원장은 "(김 여사가) '오드리 헵번 코스프레'하고 재클린 케네디가 입었던 민소매를 입었다"며 "공식 행사는 가지 않고 개별 행동을 한 것은 옳지 않다"고 비판했다. 김진애 전 의원은 "대통령 배우자가 공식 일정을 거부한 게 외교 현장에서 가당하냐. 무슨 사진을 이렇게 많이 뿌리냐. 영부인은 공적 신분이지 셀럽이 아니다"라고 비난하고 나섰다. 그런가 하면 친민주당 성향의 맛 칼럼니스트 황교익씨는 "각국 정상 배우자들은 회의 주최 국가의 의사를 존중하여 앙코르 와트를 단체로 방문했는데, 대한민국 대통령 부인인 김건희만 혼자서 심장병 앓는 아이를 만나 오드리 헵번 코스프레를 했다"고 비난했다. 물론 사실과 다른 얘기였다.

선행을 해도 악행으로 몰아가는 정치

장경태 최고위원 등이 말한 '빈곤 포르노'란 모금이나 후원 유도를 위해 가난을 자극적으로 묘사해 동정심을 불러일으키는 영상이나 사진을 의미하는 용어다. 물론 비판적 의미이다. '포르노'라는 표현을 사용하는 것에는 외설적 성인물인 포르노처럼 가난을 선정적으로 드러낸다는 의미가 담겨있다.

그런데 우리는 TV에 나오는 비정부기구NGO의 모금 캠페인이나 공익 프로그램을 통해 결식 혹은 병을 앓고 있는 아동들의 비슷한 장면들을 익숙하게 접해왔다. 질환을 앓고 있는 아동들이 있는 병원이나 집에 가서 아예 사진을 찍지 않는다면 모르겠지만, 누가 사진을 찍든 아이를 안고 있는 그런 자세가 나올 수밖에 없을 것이다. 오드리 헵번이든 김건희이든, 사진 속의 포즈는 다 엇비슷하게 되어 있다. 혹여 오드리 헵번을 따라 했던들, 그것이 비판받을 이유가 되지는 않는다. 세계적인 배우가 어려운 곳을 찾아가 봉사활동을 하는 선행을 따라 하는 것이 칭찬받으면 받았지 비난받을 이유는 없을 것이다.

김건희 여사의 '악한' 의도를 전제로 했던 야당 쪽의 비난과는 상관없이, 정작 헤르본 병원 관계자들은 각별한 의미를 부여했다. 김우정 원장은 "역대 여사님들 중 이곳을 찾아준 분은 처음"

이라며 "순방 일정에서 제일 먼저 이곳을 찾아주셔서 의미 있고 감사하다"고 인사했다. 단순한 의례의 말은 아닌 것이, 김 여사의 방문으로 헤브론 의료원과 로타 소년의 사연이 널리 알려졌고, 각계에서 후원 문의가 이어졌다고 한다. 병원 건립 초기부터 꾸준히 후원해 온 후원자는 김 여사의 병원 방문 기사를 접한 뒤 로타를 한국으로 이송해 치료받을 수 있도록 돕겠다고 밝혀왔다고 대통령실이 전하기도 했다.

이영돈 헤브론 병원장도 여러 사람들의 도움과 김 여사의 방문에 깊이 감사한다는 인사를 남겼다. "(로타의) 한국 이송을 위한 에어 앰뷸런스 비용과 치료 중 로타의 한국 체류 비용 등을 후원하겠다는 연락도 헤브론 병원으로 쇄도하고 있다"는 얘기였다. 김 여사가 병원 벽에 걸려 있던 십자가에 관심을 갖고 질문하자 이 원장은 십자가를 선물하면서 "헤브론 의료원과 로타 역시 아무도 관심을 갖지 않았지만, 누군가의 관심으로 특별한 의미를 갖게 된 이 십자가와 같지 않나 싶다"고 했다. 캄보디아에서 어려운 아동들을 위한 병원을 하던 우리 관계자들은 이번 방문이 그렇게 고마웠던 것이다. 김 여사의 병원 방문을 놓고 국내에서는 악한 의도를 비난하는 반대자들의 목소리들이 줄을 이었고, 정작 현지의 병원 관계자들은 고마움을 표하는 희한한 장면이 벌어진 것이다.

그 이후 로타 소년은 각계의 관심과 도움 속에 서울로 이송되어 서울아산병원에서 심장질환 수술을 받고 회복되었다는 소식이 전해졌다. 누가 했든 간에, 아픈 아이를 병에서 낫도록 관심과 도움을 준 일이 그렇게도 비난받을 일이었을까 하는 생각이 두고두고 든다.

대통령 배우자에 대한 스토커식 공격

물론 대통령 부인이 개별적인 일정으로 병원을 방문하고 아픈 소년과 사진을 찍는 일 자체를 이미지 연출이라며 부정적으로 보는 시선도 있을 수 있다. 그런데 대통령이든 그 배우자이든, 좋은 이미지를 얻기 위해 어느 정도의 연출을 하는 것은 역대 어느 정부에서나 있어왔던 일이다. 지금은 야당인 민주당이 정권을 잡았던 문재인 정부 시절에도 탁현민 비서관이 그렇게도 열심히 했던 것이 대통령의 이미지 연출이 아니었던가. 그런데도 유독 김 여사에 대해서만 그런 연출의 속내까지 끄집어내며 비판하는 것은 선택적 비판이라는 인상을 지우기 어렵다.

심지어 고민정 의원 등은 김 여사가 G20 회의에 갔을 때 바이든 미국 대통령의 팔짱을 낀 것까지 비판했다. "사적인 자리가 아니지 않는가, 대통령의 부인으로서 조금 더 공적 마인드가 있었다면 그렇게 안 하지 않았을까"라며 결례라고 힐난했다. 그러나 그런 고 의원도 2017년 문재인 대통령의 팔짱을 낀 사진을 SNS에 올리며 "드디어 팔짱을 끼다"라고 자랑까지 했던 사실이 알려지면서 무색하게 되었다. 하다하다 '팔짱' 논쟁까지 할 일인가 싶었다.

'김건희-로타' 사진이나 심지어 '바이든 팔짱'을 둘러싼 논란의 이면에는 김건희 여사를 '악녀'처럼 바라보는 민주당 강경파 그룹의 시선이 반영되어 있다. 김용민 의원이 김 여사를 향해 '사악함'이라는 표현을 쓴 데서도 나타나듯이, 김 여사에 대한 민주당 주류의 시선은 언제나 악한 의도를 갖고 악한 행동만 하는 사람인 것이다. 쉬운 말로 하면 '마녀'일 것이다.

대통령이든 그의 배우자이든 부적절한 언행을 하면 지적하고 비판하는 것은 당연한 일이다. 문제는 대통령 배우자의 일거수일투족을 현미경으로 들여다보듯 하면서 시시콜콜히 문제를 제기하는 정치다. 민주당이 "'대통령 부인 스토킹' 정당이 돼 버렸다"는 정진석 국민의힘 전 비상대책위원장의 항변이 전혀 틀린 얘기는 아니다. 조정훈 시대전환 의원은 "한 여인의 남편으로 남의 부인을 정치 공격의 좌표로 찍는 행위가 부끄럽고 좀스럽다"고도 한 적이 있다. '김건희 마녀 만들기' 정치는 국회에서는 여전히 집권당인 거대 야당이 매달리는 정치로는 너무도 작고 비열해 보인다.

민주당 진영의 이러한 '김건희 저격' 올인 정치에 대해 내부에서 우려가 없는 것은 아니었다. 평소 당내에서 쓴소리를 자주 하는 이상민 의원은 김 여사에 대한 당의 비판을 겨냥해 "과민한 주목을 하는 것은 자중이 필요하다"며 "스토커처럼 하는 것도 바람직해 보이지 않는다"고 지적했다. "잘못한 것이 있으면 따지는 건 공적으로 해야 할 일이지만 옷차림이 어떻다고 누구와 비슷하다는 둥 하는 것은 견강부회적"이라며 "오드리 헵번을 따라했다"는 비판에 문제를 제기했다. 그러나 언제나 그렇듯이 객관적인 시선을 유지하려는 이러한 목소리는 당내에서 아무런 힘을 받지 못한 채 그냥 지나갈 뿐이었다.

인간의 미덕은
증오가 아닌 관용

인간의 미덕은 분노와 증오가 아닌 연민과 관용으로부터 찾아질 수 있다. 미워하고 질시하고 증오하던 마음들을 내려놓으면서 비로소 인간은 좀 더 성숙한 존재로 거듭날 수 있다. 증오와 저주의 마음으로는 결코 좋은 세상을 만들 수 없다. 하지만 이제 과거 민주화운동을 했던 세대의 모습들에서도 화석이 되어버린 것 같은 완고함을 느끼게 된다. 나 또한 그 시절 같은 생각을 했던 사람이지만 아직도 세상의 모든 것을 선과 악의 이분법으로 가르고 상대는 오직 악마들이라고 믿는 모습들을 보면 높은 벽을 느끼게 된다. 자신들의 극단적 신념에 대한 독선과 아집, 그것은 나이 들어가면서 고집불통이 되는 어떤 노인의 모습과 다르지 않다.

이런 얘기들이 어떤 권력을 두둔하려는 이유로 하는 것이 아님은 두말할 필요가 없다. 지난해 정권교체를 통해 들어선 윤석열 정부 또한 여러 문제들을 드러냈고 그에 대해 눈 감을 이유가 없다. 어느 정부이든 잘못을 하면 엄정한 지적과 비판을 하는 것은 당연한 일이다.

그러나 우리에게 필요한 것은 사실에 근거한 합리적인 견제와 비판이지, 정권을 악의 세력으로 전제하고 무조건 무너뜨려야 할 타도의 대상으로 삼는 정치는 아니다. 어디까지나 선거를 통해 민의에 따라 선출된 정부라면 그 결과를 존중하고 인정하는 것은 민주주의의 기본이다. 대통령이 헌법이나 법률을 위반하여 탄핵의 사유가 발생하든가, 국정운영의 중대한 과오를 범해 사퇴 요구를 해야 할 상황이 아니라면, 다짜고짜 퇴진부터 요구할 일은 아니다.

윤석열 대통령과 김건희 여사 부부를 악마로 만드는 데만 매달리는 정치는 상대를 인정할 줄도 공존할 줄도 모르는 행태다. 이태원 참사 희생자 명단을 무단으로 공개한 '민들레'의 준비위원인 김근수 해방신학 연구소장은 대선을 앞둔 지난 2월 자신의 페이스북에 이런 글을 올린 적이 있었다.

"누가 악마고 누가 천사일까요? 성서신학자인 제가 단단히 설명하지요. 윤석열 찍는 사람은 악마입니다. 지옥 갈 사람이구요. 이재명 찍는 사람은 천사입니다. 천국 갈 사람이구요."

섬찟할 선악의 이분법으로 정치를 바라보는 생각이다. 정치인을 악마와 천사로 나누는 이런 이분법에 따르면 지난 대선에서 윤석열을 찍었던 절반가량의 국민들은 모두 지옥에 가야 할 사람들이 되고 만다. 문제는 이런 무서운 생각이 개인의 것으로 그치는 것이 아니라, 그런 생각을 앞세워 진영의 팬덤들을 결집시키고 정치인들에게까지 영향을 주고 있는 현실에 있다. 악마 만들기 정치는 자신들은 선이고 상대는 악이라는 선악의 이분법으로부터 비롯된다. 자신들과 다른 생각과 철학을 가졌다는 이유로 상대방을 악마라고 선동하며 공격한다. 그러나 세상에 선과 악 두 가지 밖에 없다는 이분법은 선과 악이 복잡하게 섞여있는 현실을 설명할 수 없다.

한나 아렌트가 말했던 '공존'의 의미

정치철학자 한나 아렌트는 『정치의 약속』에서 다양한 인간들의 공존을 말했다. "정치는 인간의 복수성plurality에 기초한다. 정치학은 서로 다른different 인간들의 공존과 연합을 다룬다"는 것이 아렌트의 얘기였다. 신은 '단수單數의 인간man'을 창조했지만, 지상에는 '복수複數의 인간들men'이 만들어졌으니, 사람들은 정치적 삶을 통해 다양한 생각을 소통하고 공존하는 삶을 살자는 것이다. 아렌트에게 민주주의는 다양성에서 출발해 다양성을 합리적으로 조정하여 합의를 이끌어내는 제도였다. 다양한 사람이 다양한 생각을 갖고 공존하며 살아가는 것이 아렌트가 말한 공동체의 정치적 삶이었다. 그러니 생각이 다른 사람들을 악마로 만드는 정치는 공존을 추구해야 할 민주주의와는 대척점에 서 있다.

우리는 어차피 같은 하늘 아래에서 함께 살아가야 할 존재들이다. 보수든 진보든 중도든, 서로 다른 생각을 가진 사람들이 공존하며 살아가는 것 말고는 다른 방법이 없다. 누가 누구를 박멸하는 혁명의 시대는 지나갔다. 아직도 혁명의 시대를 꿈꾸며 악마들을 몰아내야 한다고 외치는 사람들은 현실에 발을 딛고 있지 못한 정치적 몽상가들이다. 정치는 그 사회의 갈등을 조정하는 것이 본연의 역할이다. 그러지는 못할망정 극한적인 갈등과 증오만 부추기는 정치로는 우리 공동체의 미래를 열어갈 수 없다.

민주당은 왜
'김건희 악녀 만들기'에 올인할까

더불어민주당이 윤석열 대통령 부인 김건희 여사 관련 의혹을 수사하기 위한 '김건희 특검법'을 지난해 9월에 발의했다. 민주당의 강경파 의원들이 진즉에 '김건희 특검법'을 먼저 발의했지만, 당 차원의 입장은 아니라는 것이 민주당의 설명이었다. 그러나 이재명 대표에 대한 검찰의 소환 통보가 있자 민주당은 특검법을 당론 발의하기로 급선회한 것이다. 대통령 배우자에 대한 특검은 전례가 없던 일이기에, 민주당이 초강수 카드를 꺼내들었다는 해석이 나왔다.

대통령 부인에 대한 초유의 특검법

김 여사에 대한 여러 의혹들을 제기하면서도 사안의 민감성을 의식하여 특검에는 신중하던 민주당이었다. 그런데 갑자기 추석 연휴 직전에 입장을 바꿔 특검법을 발의한 것은 이재명 대표 소환 얘기가 추석 밥상 오를 것에 대한 맞불용으로 받아들여졌다. 더 나아가 이 대표에 대한 수사와 기소가 이어지는 상황에서 민주당 또한 윤석열 정부가 가장 곤혹스러워할 지점을 공격하겠다는, '눈에는 눈, 이에는 이' 식의 대응이라고 할 수 있다. 이 대표에 대한 검찰의 소환 통보를 전하던 김현지 보좌관의 "전쟁입니다"라는 문자의 의미가 그런 것이었을지 모른다.

'김건희 특검법'이 초강수라는 이유는 단지 그 대상이 대통령 배우자라는 점에만 있는 것이 아니다. 특검법의 내용을 들여다보면 민주당이 김 여사에 대한 특검 수사를 얼마나 강도 높게 설계하고 있는지를 읽을 수 있다. 먼저 수사 범위가 대단히 광범위하다. 김 여사의 '도이치모터스' 등을 비롯한 '주가조작 의혹', 시간강사·겸임교원 지원 시 고의적·상습적으로 학력 및 근무 경력을 위조한 이력서를 제출했다는 '허위경력 의혹', 윤 대통령이 서울중앙지검장 및 검찰총장으로 재직하던 기간 중 전시회 등을 개최하면서 '뇌물성 후원을 받았다는 의혹' 등이 망라되어 있다. 게다가 이 사건들과 관련해, 수사 과정에서 인지된 관련 사건도 수사 대상에 포함된다. 한마디로 말하면 김 여사와 관련된 의혹은 모두 수사할 수 있다는 얘기가 된다.

특검팀의 규모도 역대급이다. 민주당 법안에 따르면 특검보 4명, 파견검사 20명, 특별수사관 40명, 파견공무원 40명 등 100여 명 이내로 되어있다. 전체 수사인력 가운데 3분의 1 이상을 고위공직자 범죄 수사처(공수처)에서 파견받게 된다. 이는 역대 최대 규모로 꾸려진 박근혜 전 대통령 당시의 '최순실 특검' 105명과 비슷한 수준이다. 민주당은 '김건희 의혹'을 '최순실 국정농단 의혹'과 비슷한 차원으로 보고 있다는 얘기이며, 끝장을 보겠다는 민주당의 결기를 읽을 수 있다.

특검 추천도 민주당이 단독으로 하게 되어있다. 법안은 특검 임명 절차에 대해, '국회의장이 대통령에게 1명의 특검을 임명할 것을 서면으로 요청하고, 대통령은 '후보자 추천'을 자신이 소속하지 않은 교섭단체에 서면으로 의뢰해야 한다'고 규정하고 있다. 특검 후보자 2명을 추천한다고 하지만, 모두 민주당이 추천한 인물이 된다. 사실상 민주당이 특검을 임명하는 것과 다를 바 없다. 과거 '내곡동 사저' 특검을 제외하고는 특정 정당이 특검 추천권을 독점한 사례는 없었다. 민주당의 법안대로 특정 정당이 추천권을 독점한다면, 특검의 정치적 중립성과 수사의 공정성이 지켜질 수 있을까에 대한 우려가 나올 수밖에 없다.

역풍 맞아 동력 잃은 '김건희 특검법'

그런데 민주당 법안의 서슬퍼런 내용과는 상관없이 '김건희 특검'은 막상 성사되지는 못했다. 당장 국회 법제사법위원회의 관문을 통과하지 못했다. 법사위 소속인 조정훈 시대전환 의원은 '김건희 특검법'에 대해 "대통령 부인에 대한 특검이 민생에 얼마나 도움이 되느냐"고 반문하며 반대 입장을 밝히고 나섰다. 조 의원은 "이미 문재인 정부 시절에 특검법에 포함된 내용의 대다수를 샅샅이 수사했다는 사실도 성급한 특검법 추진에 동의할 수 없는 이유"라며 "문재인 정부 시절의 조사가 정치적 외압이 있었을 리도 없는데 특검을 한다고 전혀 몰랐던 사실이 과연 나오겠느냐"고 반문했다. 그리고 "민주당도 제1야당, 국회 다수당으로 여당과 정정당당한 정책 경쟁으로 승부하길 촉구한다"면서 "한 여인의 남편으로 남의 부인을 정치 공격의 좌표로 찍는 행위가 부끄럽고 좀스럽다"고 특검법을 발의한 민주당을 강하게 비판했다.

조 의원은 지난 21대 총선에서 민주당의 위성정당인 더불어시민당의 비례대표로 당선되었던 인물인지라 민주당의 당혹감은 클 수밖에 없었다. 민주당은 조 의원을 향해 "특검에 동의하지 않으면 역사적 책임"이라며 연일 압박했지만, 조 의원은 소신을 바꾸지 않았다. 조 의원이 반대 입장을 굽히지 않았기에 특검법은 지난해에 법사위를 통과할 수 없었다. 국민의힘 소속인 김도읍 법사위원장이 법안을 상정하지 않는 한, 민주당은 특검법을 통과시키기 위해서는 패스트트랙(신속처리안건) 지정을 해야 했다. 그러려면 법사위원 18명 중 11명의 동의가 필요했다. 하지만 민주당 소속 의원은 10명이라 조 의원이 찬성해 줘야만 패스트트랙 지정이 가능한데, 이것이 불가능하게 되었던 것이다.

민주당 일각에서는 김진표 국회의장의 본회의 직권 상정이라는 초강경 카드까지 대안으로 거론했지만, 김진표 의장이 발 벗고 나서면서까지 '악역'을 맡지는 않았다. 민주당 내에서도 김건희 여사에 대한 과도한 공세가 역풍을 불러올 수 있다는 우려가 제기되어 '김건희 특검법'은 사실상 동력을 잃고 흐지부지되고 말았다. 설혹 민주당이 특검법을 밀어붙였던들, 윤석열 대통령의 거부권 행사로 막상 특검이 무산될 수 있는 상황이었다. 그럼에도 민주당으로서는 특검의 성사 여부에 상관없이, '김건희 특검'을 둘러싼 논란 자체만으로도 윤석열 정부에게 타격을 줄 수 있음에 주목하며 특검 공세를 벌였던 것으로 보인다. 특히 '이재명 사법 리스크'가 현실화된 상황에서, 민주당은 '김건희 특검법'이라는 맞불로 이 대표에게로 향하는 시선을 나누는 효과적인 무기로 삼으려 했던 것으로 판단된다.

'김건희 국정조사'까지 시도한 민주당

국회에서 김건희 여사를 겨냥한 민주당의 공세는 특검법만이 아니었다. 민주당은 특검법에 앞서이미 김 여사를 겨냥한 국정조사 요구서도 제출했다. 지난해 8월 국회에 제출된 '윤석열 대통령 집무실-관저 관련 의혹 및 사적채용 진상규명을 위한 국정조사요구서'에는 민주당 의원 169명 전원과 기본소득당 용혜인 의원, 친민주당계 무소속인 양정숙, 김홍걸, 윤미향, 민형배, 박완주 의원 등 모두 175명이 서명했다.

이 요구서는 용산 대통령실 졸속 이전 결정 경위 및 이전 비용 고의 누락·축소 의혹, 대통령실 이전에 따른 국방부·합참 시설 이전 계획의 타당성 여부, 대통령 집무실과 관저 공사 과정에서 김건희 여사와 사적 친분이 있는 업체에 특혜 제공 의혹, 청와대 개방 및 활용과 관련해 전시·공연 등의 관련 법 규정과 공정성 위반 의혹, 대통령실 직원 채용 과정에서 대통령 친척·지인의 아들 등 대통령 부부와의 개인적 친분에 의한 불공정한 사적 채용 의혹 등이 담겼다.

이 가운데 상당 부분은 그동안 민주당이 김 여사를 향해 제기하고 공격했던 의혹들이다. 대통령실 이전과 관련된 사안들이야 사실은 정책 결정과 관련된 문제라는 점을 감안하면, 민주당이 제기한 사안들은 '관저 공사'나 '사적 채용' 의혹같이 대부분 김 여사와 관련된 내용의 것들이다. 이 또한 사실상 '김건희 국정조사'라 할 수 있다.

하지만 국정조사 요구의 계기가 되었던 '관저 공사' 문제의 경우, 자신이 입주할 곳의 시설공사를 함께 일한 경험이 있어 믿을 만한 업체에 맡긴 일이, 설혹 절차상의 흠결이 있다 한들, 국정조사까지 할 일인가에 대한 의문이 든다. 대통령실의 '사적 채용' 의혹도 과거 역대 청와대들도 모두 대선을 함께 치렀던 사람들을 대거 기용했음을 생각하면, 유독 지금의 대통령실에만 '의혹'의 프레임을 씌운다는 인상을 주는 것이 사실이다. 김 여사 주변에서 혹여 비리행위가 포착된다면 그가 누구든 진상을 밝히고 법적 책임을 물어야 할 일이지만, 민주당의 국정조사 요구는 모기 잡자고 몽둥이를 들자는 모습으로 비쳐진다.

윤석열 정부의 최대 의혹이 '김건희 의혹'?

하지만 민주당은 국정조사를 준비하는 진상 규명단까지 구성하기로 했다. "제보센터 등을 운영해서 좀 더 관련 의혹에 대한 자료들을 적극 수집하고 철저히 대응하기 위한 차원"이라는 것이 민주당의 설명이었다. 그냥 한번 요구서를 제출한 것이 아니라 국정조사가 현실화될 경우를 대비한 준비라는 얘기이다. 한병도 의원을 단장으로 다수의 강성 의원들이 포진한 조사단의 구성을 보면 '김건희 의혹'을 샅샅이 파헤치겠다는 민주당의 의지를 읽을 수 있다. 실제로 오영환 원내대변인은 "특검법을 비롯해 국정조사, 국정감사에서도 윤석열 정부의 국민적 의혹을 숨김없이, 남김없이 밝혀내기 위한 모든 방안을 강구해갈 것"이라고 밝혔다. 표현은 '윤석열 정부의 의혹'이라고 했지만, 민주당의 주관심사는 '김건희 의혹'이다. 민주당의 눈에는 '김건희 의혹'이 윤석열 정부의 최대 의혹이 된 모습이다.

민주당이 '김건희 저격'에 매달린 것이 하루 이틀의 얘기는 아니었다. 지난 대선 과정에서 김 여사가 '쥴리'였다는 주장이 친민주당 유튜브 방송들에서 제기되었을 때도 민주당은 뒤에서 즐기는듯한 태도를 보였다. 추미애 전 법무부 장관은 자신의 SNS에 '쥴리 의혹' 관련 기사를 게시하며 "커튼 뒤에 숨어도 주얼리 시절 목격자가 나타났네요!"라는 글을 올려 마타도어의 유포에 가세했다. 민주당의 우군인 김어준씨는 방송에 '쥴리' 목격자를 출연시켜 마타도어에 앞장서는 모습을 보였다. TBS 라디오 '김어준의 뉴스공장'에 출연해서 "쥴리를 목격했다"고 주장한 안해욱씨, 역시 '쥴리'를 집요하게 주장한 '열린공감TV' 관계자들은 이제 줄줄이 기소되어 재판에 넘겨졌다. 아무리 대선 승부가 절박했어도 민주당이 분명하게 선을 그었어야 할 내용의 것이었다. 그러나 민주당의 팬덤 지지자들은 지금도 포털의 댓글에서 아직도 '쥴리'를 찾고 있다.

'김건희 강아지'까지 등장한 혹세무민 선동

윤석열 당선인 시절이었던 지난해 5월에 우상호 민주당 의원 등이 제기했던 '김건희 강아지' 폭로도 김 여사에 대한 민주당의 집착이 정상적인 수준에서 벗어났음을 보여준 일이다. 당시 우 의원은 '김어준의 뉴스공장'에 출연해서 김 여사가 강아지를 안고 새 대통령 관저로 확정된 서울 한남동의 외교부 장관 공관을 방문해 정의용 장관 부인에게 "안을 둘러봐야 되니 나가 있어 달라"고 말했다고 주장했다. 그래서 "외교부 장관 부인이 바깥 정원에 나가 계셨고, 그 사이에 그 안을 둘러봤다"면서 "(외교부 장관 부인이) '상당히 불쾌했다' 제가 이런 이야기를 전언을 들었다"고 말했다. 우 의원의 얘기만 전해 들으면 김 여사는 예의도 없고 오만불손한 사람임에 틀림없다. 그러자 친민주당 성향인 맛 칼럼니스트 황교익씨는 "하도 기가 막혀서 말이 나오지 않는다"며 "이런 게 쌓여 나라가 망하는 것"이라는 글을 페이스북에 올리기도 했다. 그래서 느닷없는 '김건희 강아지' 논란이 불거졌다.

하지만 그런 폭로성 주장은 사실이 아닌 것으로 이내 판명되었다. 외교부 당국자는 "외교부는 청와대 이전 TF 측과 협의를 통해 공관 방문 일정을 사전조율 해왔다"고 밝혔다. 인수위원회 청와대 이전 TF는 "장관 배우자와 아예 마주친 사실 자체가 없다"고 반박했다. 우 의원이나 민주당 측은 더 이상의 반박을 하지 못했다. 외교부 장관 부인에게 무례하게 굴었다는 내용이 사실이 아닌 것으로 판명 나자, 이번에는 최민희 민주당 전 의원이 나서서 '강아지를 안고 갔다'는 문제로 초점을 이동해서 공격했다. "공식적인 행동에 강아지를 안고 간다는 것은 적절하지 않다고 생각한다"면서 CCTV 공개까지 주장했다. '장관 부인'은 사라지고 이제 '강아지'가 등장한 것이다.

우 의원이 전한 대로 외교부 장관 부인을 불쾌하게 만든 일이 없었다면, 사실이 아니었다며 사과하고 매듭지을 일이었다. 그런데 민주당 정치인들과 팬덤 지지자들은 다시 강아지 얘기까지 꺼내며 어떻게든 문제가 있었다는 쪽으로 얘기를 끌고 간다. 이사 갈 집을 둘러보러 가는 일을 '공식적'이라 하는 것도 해괴하지만, 그런 사적인 일정에 분리 불안이 있다는 반려견을 건물 앞까지 안고 간 것이 왜 그렇게 문제가 되는 것인지 이해하기 어렵다. 이쯤 되면 '스토커 정치'라는 말이 나올 법도 하다.

침소봉대의 '악녀' 만들기 시도

김건희 여사를 두둔하려고 하는 얘기가 아니다. 대통령 부인에게 어떤 비리 의혹이 있어도 그냥 덮고 가자는 얘기는 더욱 아니다. 불소추 특권은 대통령에게만 해당되는 것이다. 아무리 대통령의 부인이라 해도 불법 비리 행위가 있다면 수사도 하고 법적인 책임을 묻는 데서 예외일 수 없다. 문제는 민주당이 제기해온 '김건희 의혹'이 과연 그만한 수준의 내용을 갖고 있는 것인가 하는 데 있다.

물론 대선 과정에 논란이 되었던 '허위 경력' 문제는 대통령 부인이 되리라고는 상상조차 할 수 없던 옛 시절의 일이었다 해도 김 여사가 무겁게 받아들일 일이었다. 경쟁자들을 떨어뜨리기 위한 조작이 아니라, 이미 확정된 채용 과정에서의 경력 부풀리기 수준이었다 해도 그러하다. 이미 대선을 치르면서 본인이 사과했던 이유도 그런 것이었을 게다. 하지만 공인도 아니고 15년도 넘은 사인 시절의 일이고, 이미 공소시효까지 만료된 사안인데 특검까지 해야 할 중대성이 있는 사안이라 하기는 어렵다.

특검의 또 한 축인 '도이치모터스 주가 조작' 의혹도 그렇다. 이 의혹을 수사했던 것은 윤석열 정부의 경찰과 검찰이 아니다. 문재인 정부 시절 추미애·박범계 법무부 장관 아래에 있는 김오

수 검찰총장-이성윤·이정수 서울중앙지검장 체제에서 장기간 수사를 했던 것이 이 사건이다. 당시 '친정부 검사' 소리를 듣던 수사 책임자들이 야당 대선 후보 쪽의 의혹을 일부러 덮어주려 했다고 생각하기는 어렵다. 장기간의 수사에도 불구하고 범죄 혐의를 발견하지 못했는데, 오히려 당시 민주당 쪽의 눈치를 보느라 결론을 미루다 보니 지금에 이르렀다고 보는 것이 상식적이다.

물론 김 여사의 불찰도 있었다. 자신의 팬클럽과의 교류 과정에서 한동안 여러 물의가 빚어지기도 했다. 대통령 부인의 팬클럽이 존재해야 하는 이유를 묻는 사람들이 많으니, 대선이 끝난 직후에 곧바로 김 여사가 나서서 팬클럽의 해체를 요청하는 것이 필요했다. 별 문제의식 없이 팬클럽 회장인 강신업 변호사 등과 교류를 하다가 불필요한 논란거리를 자초하기도 했다. 일거수일투족을 문제 삼는 야당의 공격을 원망만 할 것이 아니라, 김 여사도 더욱 조심하고 몸을 낮추는 모습을 보였어야 했다. 국민대의 판단에도 불구하고 논문 표절 논란이 계속된다면, 김 여사가 학위 논문의 자진 반납을 요청하는 것도 말끔하게 정리하는 방법이었다. 대통령실은 문재인 정부 5년 내내 공석이었던 특별감찰관 임명에 적극적인 태도를 취하거나, 정권 주변의 비리를 원천 차단할 수 있는 제도를 강구하는 것도 필요해 보인다. 꼭 야당의 정치공세 때문이 아니라, 김 여사와 대통령실 스스로 엄격한 시스템을 마련하는 것이 바람직하다.

하지만 그런 모든 점을 감안해도 '악녀 만들기'의 정치는 증오와 저주의 정치라는 감옥에 우리를 가두어 버리게 된다. 가십성으로 얘기하고 지나갈 법한 사소한 문제들까지도 민주당의 눈에만 들어오면 특검을 하고 국정조사를 해야 할 엄청난 비리 의혹으로 키워진다. 사안마다 침소봉대한다는 인상을 지울 수 없다. 상대를 악마로 만드는 정치에 갇혀있기 때문이다.

이런 가운데 민주당의 고민정 최고위원은 "(해외순방에) 꽤 많은 예산이 소모된다"면서 "김건희 여사도 같이 가시던데 왜 꼭 같이 가야 하나 하는 생각도 든다"며 윤 대통령의 해외순방에 동행하는 것까지 문제 삼고 나섰다. 아무리 김건희가 미워도, 대한민국 대통령 부인의 역할을 송두리째 없는 것으로 만들 수는 없는 일이다. 민주당은 문재인 정부 시절 '피라미드 관광'이며 '옷값' 논란 같은 김정숙 여사의 해외 순방 관련 논란들을 벌써 다 잊은 모양이다. 아무리 극한 대결의 정치여도 정치에는 금도가 있어야 하는데, 요즘은 그런 것에 대한 개념 자체가 사라졌다. 한 시절 민주주의를 선도했던 민주당의 역사에서, 이렇게 정치를 한 적이 있었는가를 묻게 된다.

민주당은 지난해 특검법, 국정조사 요구, 국정감사, 그리고 진상규명단 활동에 이르는 전방위적인 공격으로 대통령 부인을 사면초가로 몰아넣으려고 했다. 그러다 '왜 대통령을 비판하지 않고 배우자를 집중 공격하느냐'는 여론의 역풍을 감안하며 더 이상 밀어붙이지 못했다. 그런데 올해 들어 이재명 대표에 대한 소환 조사와 기소가 이어지자 다시 '김건희 특검'을 꺼내들었다. 문재인 정부 시절에도 별다른 범죄 혐의를 찾아내지 못했던 일들을 다시 때만 되면 반복적으로 들추어내는 광경의 저의가 의심스럽다.

정치학자 파커 파머는 『비통한 자들을 위한 정치학』에서 이렇게 말한다. "사람들에게 자신의 가장 근본적인 신념과 모순되는 확고한 증거를 제시하면, 그들은 자기의 신념을 오히려 더욱 강력하게 옹호하게 되는 경우가 종종 있다." 자신의 주장이 사실이 아닌 거짓임이 드러나도 조금도 굴하지 않고 오히려 적반하장으로 목소리를 높이는 모습들은 파머의 설명 그대로이다. 염치들이 없다.

마리 앙투아네트가 된 김건희

18세기 프랑스혁명 당시 혁명세력은 마리 앙투아네트가 8살짜리 아들과 상간을 했다는 혐의를 날조하여 민중들의 공분을 불러일으켰다. 전기 작가 슈테판 츠바이크가 쓴 『마리 앙투아네트 베르사이유의 장미』에는 프랑스혁명 당시 재판에 넘겨진 왕비를 '악녀'로 만든 과정이 소개되어 있다.

마리 앙투아네트를 '색정광'으로 몰고 간 혁명권력

당시 심문을 맡은 위원회는 마리 앙투아네트를 여덟 살 반 된 제

자식을 성적으로 유혹했던 색정광으로 몰고 간다. 그 이전에 아이는 '자위' 행위를 하다가 들킨 적이 있는데, 이러한 악습을 누구한테서 배웠는가를 추궁하는 질문에 자신의 책임을 모면하려고, 어머니와 고모가 자기를 그런 악습에 물들게 했다고 임기응변으로 대답한 적이 있었다. 아홉 살도 되지 않은 소년의 그런 터무니없는 말을 이성적인 인간, 정상적인 시대라면 전혀 믿지 않았을 것이지만, 당시의 혁명적 상황 속에서의 분위기는 그렇지 않았다는 것이 츠바이크의 설명이다. 혁명의 성공이라는 정치적 목적을 위해 왕비는 반드시 기요틴 위에서 처형당해야만 하는 인물이어야 했기 때문이다.

슈테판 츠바이크는 왕비를 겨냥했던 당시의 선동들에 대해 이렇게 회고한다.

"진실과 정치가 한 지붕 밑에 사는 일은 드문 법이고, 선동을 목적으로 어떤 인물을 그릴 때에는 정의란 별로 기대할 수 없는 법이다. 마리 앙투아네트를 기요틴으로 보내기 위해서는 어떤 수단, 어떤 비방도 불사했다. 모든 악덕, 모든 도덕적인 타락, 온갖 종류의 풍자가 각종 신문, 팸플릿, 서적을 통해서 마구 이 오스트리아의 창부에게로 전가되었다."

프랑스혁명 당시 마리 앙투아네트를 둘러싼 소문들은 대부분 과장된 것이었다. 일본의 작가 엔도 슈사쿠는 『여협의 희생자 마리 앙투아네트』에서 이렇게 말한다.

"정치와 외교상의 실패, 재정 파탄은 그녀의 책임이 아니었다. 프랑스 국가 재정이 적자에 허덕인 것도 왕비의 과실이 아니었다. 그러나 사람들은 삶의 고통이 전혀 개선되지 않을 것이라는 사실을 알았을 때, 증오의 대상을 색출해야만 했다. 그 대상이 마리 앙투아네트였던 것이다."

슈테판 츠바이크는 이렇게 회고한다. "마리 앙투아네트는 왕권주의의 위대한 성녀도 아니었고, 혁명의 매춘부도 아니었으며, 중간적인 성격에 유난히 영리하지도 유난히 어리석지도 않으며, 불도 얼음도 아니고, 특별히 선을 베풀 힘도 없을뿐더러 악을 행할 의사 또한 없는 평범하기 그지없는 여인일 뿐이었다."

한국판 마리 앙투아네트 만들기

마리 앙투아네트의 얘기는 단지 18세기 프랑스에서만 존재했던 서사는 아니다. 혁명의 과정에서 민중들의 분노를 조장하기 위해 왕비에 관한 온갖 괴소문들을 퍼뜨렸듯이, 2020년대 한국 정치에서도 국민들의 적개심을 고취시키기 위한 '악녀 만들기'가 버젓이 반복되었다.

지난 20대 대선 과정 한복판에 등장했던 '쥴리' 의혹 논란은 그 신호탄이었다. 유튜브 채널 '열린공감TV'를 비롯한 친민주당

계열의 유튜브 방송들과 민주당의 팬덤 지지자들은 윤석열 당시 대선 후보의 배우자였던 김건희 여사가 술집에 나갔던 '쥴리'였다는 마타도어를 대선 정국에서 대대적으로 유포했다.

'열린공감 TV'는 대선 기간인 2021년 12월 '전 대한초등학교 태권도협회 회장'이라는 80대 노인 안해욱씨를 출연시켜 "1997년 5월 라마다르네상스호텔 나이트를 방문했다가 조남욱 회장의 접대를 받았는데 '쥴리'라는 예명을 쓰던 김건희 대표를 만났다"는 주장을 방송했다. 당시 민주당과 이재명 후보를 지지했던 김어준씨도 이를 놓치지 않았다. 김씨는 대선일을 앞둔 2022년 1월 TBS '김어준의 뉴스공장'에 안씨를 출연시켜 "유흥주점에서 '쥴리'라는 예명으로 일하던 김건희 여사를 목격했다"는 주장을 방송했다. 당시 안씨는 쥴리와 네 차례 만났다고까지 했다. "세 번째 만남은 1997년 가을쯤 쥴리가 라마다르네상스 호텔 2층 화랑에서 전시회를 했다"며 "초대를 받아 갔는데 쥴리가 우리 엄마라면서 최은순씨와 인사를 시켜 주기도 했다"고 말하기도 했다. 너무도 그럴듯하게 태연히 말하니 듣는 사람들은 '진짜 그랬나 보다'하고 넘어갈 정도였다.

당시 김건희 여사는 자신이 '쥴리'라는 얘기는 터무니없음을 일관되게 호소했다. "제가 쥴리니 어디 호텔에 호스티스니 별 얘기가 다 나오는데 기가 막힌 얘기다"라며 "석사학위 두 개나 받고 박사학위까지 받고, 대학 강의 나가고 사업하느라 정말 쥴리를 하고 싶어도 제가 시간이 없었다"라며 그런 소문을 일축했다. "제가 쥴리를 해야 할 아무런 이유가 없는 사람이다, 이건 그냥 누가 소설을 쓴 것"이라며 억울함을 호소했지만, 김 여사를 '쥴리'로 만들어야 대선에서 유리해진다고 믿는 팬덤들의 선동 공세 앞에서 계속 상처를 입어야 했다.

'쥴리' 마타도어를 처음 방송했던 유튜브 채널 '열린공감TV'는 김건희 여사의 동거설도 퍼뜨렸던 방송이다. 김 여사가 모 아나운서와 동거했었다는 주장을 하는가 하면, 치매에 걸린 양모 변호사의 어머니를 인터뷰해 자기 아들의 동거 사실을 세상에 알리는 기가 막힌 상황을 만들어 내기도 했었다. 이런 유튜브 채널이나 김어준의 방송에서 제시한 '쥴리' 폭로는 대선정국에서 갑자기 등장한 80대 노인의 25년 전 기억이 전부였다. 그 오래 전에 단 한번 본 사람의 얼굴을 기억하는 초인적인 능력 앞에서, 16년 전 생태탕집에 왔던 사람의 신발까지 기억해 낸 서울시장 선거 때의 스토리는 견줄 상대가 되지 못한다.

그런 주장의 신빙성 자체도 문제이지만, 한 여성을 접대부 출신으로 알리겠다는 집요한 공격들에서 보게 되는 것은 정치적 목적을 위해서라면 한 여성의 인격과 삶을 유린해도 상관없다는 모습들이다. 터무니없는 내용이었지만, 설혹 사실이라 한들 개인의 과거가 이토록 무섭게 파헤쳐질 이유는 무엇이었을까. 이는 김 여사가 대선 후보의 배우자여서가 아니라, 평범한 여성이었더라도 마찬가지로 던져져야 할 윤리적 질문이었다.

마타도어가 대량 유통되고 소비되는 사회

'쥴리' 마타도어가 유튜브 채널 하나의 문제만이 아닌 것이, 그런 마타도어들이 버젓이 유통되고 소비되는 우리 사회의 참담한 광경이다. 그런 방송이 나가면 100만 명이 넘는 시청자들이 몰려들어 '좋아요'와 댓글을 남기며 환호한다. 그들과 같은 편에 서있는 매체들은 그런 주장을 기정사실로 보도하는데 앞장서고, 그 내용들은 다시 각종 온라인 커뮤니티를 통해 대대적으로 유포된다. 그들 가운데 대부분은 평소 '적폐'를 규탄하고 '진보'를 외쳐왔던 사람들이다. 근엄한 얼굴로 '약자'를 말하고 '젠더'를 말하던 사람들도 적지 않을 것이다. 그들 가운데 태반은 민주당에 영입되었던 조동연 교수 논란 때 사생활을 거론해서는 안 된다고 말했던 사람들이기도 했다.

급기야 공인 자리에 있었던 여성들까지 나서서 외모를 갖고 같은 여성을 모욕 준다. 추미애 전 법무부 장관은 페이스북에 김건희 여사의 셀카 사진까지 올리며 "나이 탓하며 기억을 불신하는 건 도리가 아니다"라고 접대부설에 힘을 실어주는 글을 연일 올렸다. 손혜원 전 민주당 의원은 김 여사의 과거 사진과 현재 사진을 함께 올린 뒤 "눈동자가 엄청 커져 있다"고 성형했을 것이라며 조롱한다. 진혜원 검사도 "성형수술로 외모를 가꾼 좋은 사례라고 생각한다. 관상 관점에서"라고 조롱하며 맞장구를 쳤다.

정치적 필요에 의해 한 사람을 악마로 만드는 일은 우리 정치에서도 흔히 보는 일이 되었다. 민주당이 대선 이전에도, 그리고 지금도 '김건희 저격'에 올인하다시피 하는 이유는 윤석열 정부를 흔드는 가장 약한 고리라고 판단했기 때문일 것이다. 그 이상의 효과적인 공격 무기가 없을 것이라고 생각할지도 모르겠다. 민주당이 정치의 본령에서 벗어나 있는 대통령 부인의 장신구나 강아지까지도 시시콜콜히 의혹으로 키우는 것도 그런 정치적 효과를 노린 이유일 것이다.

대선 후보의 배우자에 대해서도 기본적인 정보를 아는 것은 필요하다. 터무니없는 마타도어가 아니라 합리적 의혹이 제기된다면, 그가 후보는 아니지만 진위를 가리고 갈 필요는 있다. 하지만 '쥴리'를 찾는 일은 그런 것들과는 의미가 전혀 다른 것이었다. 진영 앞에만 서면 무너져버리는 인간에 대한 예의, 진영 앞에만 서면 되살아나는 인간에 대한 폭력성을 우리는 다시 한번 목도해야 했다. '쥴리'를 찾던 사람들에게 이런 질문을 하고 싶었다. 당신이 생각하는 진보는 대체 어떤 것이냐고. 이것이 당신들이 말하던 그 진보가 맞냐고. 당신들도 젠더 의식을 말해오지 않았냐고. 그런데 어떻게 이 지경까지 되었냐고 말이다.

'한동훈 청담동 바'
선동이 유통되는 방식

지난해 10월 24일 국회 법제사법위원회에서 열린 국정감사에서 김의겸 더불어민주당 의원이 한동훈 법무부 장관의 '청담동 바' 술자리 의혹을 제기했다. 자신이 제보를 받았다며 7월 19일 밤에 술자리를 간 기억이 있냐고 물으면서 "제보 내용에 따르면 김앤장 변호사 30명이 있었다. 윤석열 대통령도 이 자리에 합류를 했다"고 주장했다.

"윤석열이 동백아가씨 불렀다"는 폭로

김 의원은 음성 변조된 여성의 목소리가 담긴 녹음 파일도 틀었다. 누군지 신원조차 알 수 없는 이 여성은 이렇게 말하고 있었다.

"원래 김앤장 애들 모아놓고 하는 거였는데 한동훈, 윤석열이 다 왔다. 술 마시고 노래 부르고. 경호원도 다 있었다. 한동훈이 노래를 불렀다. 우리가 간 데가 갤러리아 골목이다. 차 들어오기가 불편한데. 자기가 동백아가씨를 부르겠다고 하더라. 연주해달라고. 자기가 아는 노래를 (연주)해줘야 좋아한다. 동백아가씨는 윤석열이 했다"고 말했다.

그러나 이 여성 첼리스트가 남자친구와의 전화 통화에서 말한 이 내용이 사실인지는 확인되지도 않은 상황이었다. 이 여성이 어떤 이유로 남자친구에게 그런 말을 했는지도 확인되지 않은 채 종적을 감추었다. "지금 정신적인 충격이 너무 커서 병원에서 링거를 맞고 있다"는 오빠의 얘기만이 언론에 보도되었을 뿐이다. 이 첼리스트의 오빠는 "녹취된 것은 맞다"면서도 '청담동 술자리'의 사실 여부에 대해서는 "저희가 그것에 대해서는 드릴 말이 없다, 그것에 대해서 함구하겠다"라고 정확한 대답을 회피했다. 그러면서 "여동생의 전 남자친구가 임의대로 일방적으로 전달한 내용이기 때문에 저희는 드릴 말이 없다"라는 점을 강조했다. "(남자친구를 상대로) 법적 조치를 준비 중에 있다"라며 "(본인의) 동의도 없이 녹음한 것도 문제고, (본인 동의도 없이) 그것을 제보했다(는 것도 문제다)"라는 것이 오빠의 설명이었다.

찌라시 같은 소문이 국정감사장까지 진출

결국 여성 첼리스트가 전 남자친구에게 전화로 했던 말이 녹취되어 본인도 모르게 유튜브 매체 '더탐사'에게 건네졌고 다시 김의겸 의원에게까지 전해진 것이었는데, 그 진위 여부는 당사자의 입을 통해 밝혀지지 않은 상태였다. 세간에서는 남자 친구에게 그들끼리의 개인적인 상황으로 인해 뭔가 둘러대기 위해 그런 엄청난 말을 했는데, 그것을 남자친구가 헤어진 이후 그대로 더탐사에 넘겨버린 것 아니냐는 추측이 무성했다. 이런 추측은 나중에 사실로 확인되었다.

기본적으로 진위 여부가 검증조차 되지 않는 이런 황당한 내용이 제보라는 미명 하에 국정감사장에서 거론되고 유튜브 채널을 통해 방송된 것 자체가 문제였다. 이미 국정감사장에서 당사자인 한동훈 장관이 사실이 아니라며 펄쩍 뛴 강도를 보아 터무니없는 내용임을 짐작할 수 있었던 일이었다. 당시 한 장관은 질의를 하는 김 의원에게 "책임 있는 말 해달라. 어디서 들었는지 모르겠는데 매번 허황된 말만 한다"며 황당하다는 반응을 보였다. 한 장관은 "위원님 저에게 이재정 의원님 관련된 것도 거짓말했는데 사과 안 했다. 위원님 저번에 뭐 걸라고 하지 않았냐. 이번에 뭐 걸자. 제가 저 자리에 있거나, 근방 1km에 있었으면 저는 뭐 걸겠다. 위원님도 걸어라. 지금 스토킹하는 사람들과 야합

해서 모욕하는 것에 대해 자괴감을 느낀다"고 반박했다.

이에 대해 김 의원은 별다른 반박을 하지 못했다. 진위 여부가 검증되지 않은 녹음 파일 이외에는 다른 근거가 없었던 것이다. 더구나 김 의원이 제보를 넘겨받은 '언론사'는 사실 언론사라기 보다는 그동안 '쥴리' '김건희 동거설' 등의 마타도어를 유포했던 '더탐사'(옛 열린공감TV)라는 유튜브 채널이었다. 이 매체는 이 질의가 있기 전인 지난해 8월 내내 퇴근길 한 장관 차량을 스토킹 한 혐의로 한 장관 보좌진으로부터 고소를 당한 일도 있었다. 그런 신뢰하기 어려운 매체와 손잡고 명색이 국회 제1당인 민주당의 대변인까지 맡고 있는 정치인이 폭로를 한 것이다.

방송을 내보낸 '더탐사'는 이번에도 〈첼리스트가 털어놓은 새벽3시 '술통령과 한동훈의 진실'〉, 〈한동훈, 윤석열, 김앤장 룸바게이트 이것만 보면 정리 끝!〉 같은 선정적인 내용으로 시청자들을 모았다. 유튜브 관련 통계 사이트인 '플레이보드'에 따르면, '청담동 술자리 의혹'을 사실처럼 보도했던 이 채널은 지난해 12월 7일 하루 동안 슈퍼챗으로만 약 2,100만원의 수익을 올렸다. 더탐사는 그 2건의 영상을 연이어 올렸다. 영상 제목은 〈긴급속보-더탐사 압수수색 시도〉와 〈탐사보도- 첼리스트 드디어 입 열었다. 더탐사 압수수색 후 또 달라진 진술〉이었다. 플레이보드에 따르면, 더탐사는 한 영상을 통해 평균 약 180만원의 슈퍼챗 수입을 거뒀다.

이런 터무니없는 내용들이 유튜브 세계의 담을 넘어 국회 국정감사장으로까지 진입하게 된 정치현실은 심각해 보인다. 팬덤들의 슈퍼챗에 기대는 유튜버들과 국회의원이 한 몸이 되어 협력의 스토킹 체제를 구축했다면 그것은 정치의 몰락을 의미한다.

김의겸 의원의 '아니면 말고' 식의 폭로는 그 이전에도 여러 차례 반복되었다. 지난해 9월에는 '법무부-안양시 업무협약식'에서 한 장관이 카메라를 의식해 민주당 이재정 의원을 쫓아가 악수 장면을 의도적으로 연출했다고 주장했다. 그래서 방송 영상을 확인해 보았더니 정반대로 이 의원이 먼저 악수를 청해 한 장관과 인사를 나누는 장면이 확인됐다. 김 의원의 주장은 사실과 정반대였던 것이다.

김 의원은 그 뒤에도 한동훈 장관의 미국 출장이 민주당 인사들의 연루 의혹이 제기된 대북 코인 관련 수사를 위한 목적이었다면 탄핵 사유에 해당한다는 주장을 폈다. "문재인 정부 주요 인사들 그리고 이재명 시장을 속된 말로 일망타진할 수 있는 계기가 되는 것으로, 한 장관이 미국 출장을 간 이유는 이걸 수사하기 위해 간 것이라고 얘기할 수 있다"고 주장했던 것이다. 하지만 이는 민주당 정치인들이 북한 가상화폐 범죄와 연계된 것이냐는 시선만 낳은 채 결국 아무런 근거 없는 주장으로 판명되었다. 그래서 한 장관으로부터 "김 대변인은 지금 '범죄신고나 내부고발'을 하는 것인지, 아니면 나중에 저런 범죄가 드러나도 수사하지 말라고 미리 '복선'을 깔아두는 것인지 묻고 싶다"는 반박을 받기도 했다.

김 의원이 한두번도 아니고 반복해서 한동훈 장관을 저격하는 주장을 꺼내지만 매번 '사실 아님'이 드러나곤 했다. 그러니 한 장관으로부터 "매번 입만 열면 거짓말을 해도 그냥 넘어가 주고 책임을 안 지니까 자기는 그래도 되는 줄 알고 이런 것 같다"는 비아냥의 말을 듣기도 했다. 그럼에도 김 의원은 자신의 '청담동 바 술자리' 주장에 제대로 사과 한번 하지 않고 그냥 지나갔다. 사과는 고사하고 "그런 사안에 대해서 질문을 못 한다 그러면 더 문제 아니냐"는 궤변을 펴기도 했다. 김 의원은 "법무부 장관이 자꾸 뭘 걸라고 하고, 대통령께서는 '저급하고 유치한 선동이다'라고 얘기했는데 거기에 더해서 당까지 징계안을 제출했다"면서 "이른바 '당정대' 셋이 모두 우르르 몰려와서 저에게 몰매를 가하는 그런 느낌이다. 폭력적이기까지 하다"고 주장했다. 자신의 주장이 사실이 아님에 대한 사과는 없이 억지스러운 입장만 반복했다.

한수 더 떠서 '제2의 국정농단' 주장한 민주당

더 기가 막힌 것은 김 의원에게 사과를 권유해도 시원치 않을 민주당이 김 의원을 두둔하는 태도를 보인 점이다. 박홍근 민주당

원내대표는 한 장관을 향해 "질문에 대해 아니면 아니라고 차분히 답변하면 되는데, 과도하게 화를 내고 질의하는 의원에게 면박을 줬다"며, "평생 특수부 검사로 살아서 질문만 하다 보니 질문을 받는 게 불편해서 그런지 모르겠다"고 비판했다. 우상호 의원은 "윤 대통령이 워낙 술을 좋아하셔서 대통령이 된 다음에도 밤늦게까지 술자리를 한다는 제보가 많이 들어온다"고 주장하면서 "과거 국민의힘이 야당일 때도 장관을 상대로 질의하지 않았나, 그런데 그 장관이 질의한 의원을 고발하거나 혹은 그 정당을 상대로 사과를 요구한 건 예의가 없다"고 오히려 여당을 비판했다.

심지어 김성환 정책위의장은 "청담동 모 바에서 윤석열 대통령과 한동훈 장관, 그리고 김앤장 변호사들이 새벽까지 음주가무를 했다는 건과 관련해서 그것을 목격했던 첼리스트의 오빠가 '그 녹취록이 녹취된 것은 맞다'고 사실을 인정했다"고 주장했다. 그리고 "갈수록 증거가 추가로 나오는데, 사실이라면 이 일은 제2의 국정농단에 해당될 만큼 엄청난 사건"이라고 규정했다. 거짓말 논란을 불러일으킨 질의를 감싸며 '제2의 국정농단' 운운하는 태도를 보인 것이니 이쯤 되면 진실이 무엇인가를 가리는 일이 아무런 의미가 없을 지경이다.

사실 어려운 과정을 거치지 않더라도 상식적인 생각을 하는 사람이라면 김 의원의 주장이 사실무근임을 쉽게 판단할 수 있는 일이었다. 윤 대통령이 아무리 술을 좋아한들 경호원들을 대동하고 다니는 대통령이 새벽 시간에 그런 대규모 술자리를 갖는다는 일이 말이 되는 것이겠는가. 더욱이 윤 대통령이 부른 노래가 '동백아가씨'였다고 하니 그 노래가 어느 세대에서 불리우던 곡인지도 모르는 셈이었다.

그리고 김앤장의 변호사 30명이 무슨 비상소집이라도 한 듯이 새벽 시간에 술자리에 모여 있었다는 것도 상식적으로 말이 되지 않는 것이었다. 술자리 참석자들에다가 경호원들, 업소 관계자들을 다 합하면 최소한 60명 이상은 된다는 얘기인데, 청담동 어느 바에 그런 운동장만한 룸이 있는지도 알 수 없다. 찌라시 수준도 되지 못하는 허무맹랑한 내용을 갖고 제1야당 대변인은 국정감사에서 질의를 하고, 민주당은 이를 엄호하기에 여념이 없었다. 공당으로서의 책임감이나 신뢰 같은 것은 안중에도 없는 모습이었다. 거짓 선동에 익숙해진 정치가 그런 행위를 해도 아무렇지도 않고 태연할 수 있는, 아니 적반하장으로 오히려 호통칠 수 있는 정치인들을 양산한 것이다.

이 논란이 불러졌을 때 김웅 국민의힘 의원은 '그 당이 한동훈 장관 잡는 법(기출변형) '이라는 제목의 글을 페이스북에 올렸다. 조금 길기도 하고 특정 정당의 정치인이지만, 워낙 촌철살인의 표현이었던지라 아직도 기억에 남아 인용을 한다. (원문의 오자들이 있지만 그대로 놔두었다. -편집자주)

"일단 유튜브를 동원해 술집에 갔다고 우긴다. 물증은 중요하지 않다. 무조건 술집에 갔다고 우기는 무뎉뽀 정신이 중요하다. (그 당의 장점이니 잘 할 거다) 안 갔다고 부인하면 "갔어 안갔어 그것만 말해"라고 백만 번 반복한다.

고만고만한 지네 유튜브에 "충격, 한동훈 끝났다. 첼리스트 전격 폭로" 이런 제목을 달고 왼종일 술집 얘기만 한다. 그리고 '뭔가 있으니 이런 말이 계속 나오는 것이 아니냐'라고 지들이 낸 소문을 증거로 제시한다. 그래도 막히면 '술집 안 갔다는 것을 니가 증명해보라'고 무적의 K-입증책임 원칙을 들이대라. 의회에서도 줄탁동기를 한다. 이 사람아 같은 의원이 마이크 켜놓고 '범죄가 안되면 거짓말했다고 몰아가면 된다'라고 작전 브리핑을 한다. 대중의 관심이 짜게 식으면 가끔씩 '첼리스트가 특정되었다'라고 언플한다. 첼리스트가 한동훈을 못 봤다고 진술해도 상관없다 (중략) 나중에 모든 것이 조작이라고 밝혀져도, 공직자에 대한 검증 차원이었다고 부르짖으면 된다. 광우병 난동도 검역주권 확보라고 포장하는데 뭘 못하겠는가."

찌라시 같은 소문에 목숨 거는 정치

결국 2022년 가을 정국을 뜨겁게 달구었던 '한동훈 청담동 바

술자리' 폭로는 아무런 사과도 없이 그냥 지나가고 말았다. '아니면 말고'라던데, 그 말 그대로였다. 이 폭로 내용은 제보의 발단이 된 첼리스트가 경찰에 거짓말을 했다고 진술함으로써 허위였음이 드러났다. 자신의 사생활을 덮기 위해 지인에게 거짓말을 했던 것인데, 그것을 확인도 하지 않은 김의겸 의원에 의해 국정감사장에서 폭로된 어처구니없는 일이었다.

움베르토 에코는 자신의 저작 『프라하의 묘지』에 관한 어느 인터뷰에서 음모론에 대해 이렇게 말했다. "역사를 바꾼 큰 거짓들은 내가 알기로 모두 거짓임이 입증되었다. 그런데 무엇보다 놀라운 사실은 우리가 어떤 것이 거짓임을 입증해도 사람들은 그것을 계속 진실이라고 믿는다는 것이다." 동서고금의 역사를 막론하고 여기에는 정치의 책임이 작지 않음을 실감하는 오늘이다.

돌아보면 근래 들어 우리 정치를 뒤덮어온 담론들은 이런 것들이다. 쥴리, 김건희 동거설, 김건희 강아지, 김건희 장신구, 김건희 조명, 바이든 팔짱, 빈곤 포르노, 천공. 위기의 시대 속에서 국가의 앞길을 고민하고 토론하는 담론들은 자취를 감췄다. 그 자리에 들어선 것은 찌라시 같은 소문들에 목숨 걸듯 하는 정치였다.

20세기 영국의 정치철학자 오크숏은 통치자의 임무가 사람들의 정념에 불을 지피는 데 있지 않다고 말했다. 오히려 지나치게 열정적인 사람들로 하여금 이 세계에는 자신과는 다른 타자가 살고 있음을 환기시키는 것이 통치자의 의무라는 것이다. 신념의 정치를 절제하고 자기를 의심할 줄 아는 정치와 균형을 맞추어야 정치는 파멸을 피할 수 있다고 오크숏은 강조했다. 스토킹과 다를 바 없게 된 우리 정치는 자신에 대한 의심은 없이 신념의 극단만 좇던 정치의 결과이다. 프란시스코 고야의 판화집 '로스 카프리초스'(변덕들)의 43번째 작품에 쓰여있는 말이다. "이성이 잠들면 괴물이 깨어난다."

2

팬덤정치가 낳은 반지성주의

"괴물과 싸우는 사람은 자신이 이 과정에서
괴물이 되지 않도록 조심해야 한다."

프리드리히 니체 『선악의 저편』

윤석열 대 반윤석열,
전쟁이 된 정치

주말이면 서울 도심에서는 진보와 보수 진영의 단체들이 제각기 집회를 열고 맞대결한다. 촛불승리전환행동(촛불행동)과 민생경제연구소 등이 주최하는 '김건희 특검 윤석열 퇴진 촛불대행진 집회'에서는 '김건희 특검 주가조작 허위경력', '무능 무지 거짓말 윤석열 퇴진하라', '김건희 특검! 윤석열 퇴진!' 등의 팻말을 든 참가자들이 모여 윤석열 정부를 규탄한다.

대선불복 세력이 꿈꾸는 '제2의 촛불'

이 단체들은 진즉부터 대선 결과에 불복하고 윤석열 대통령의 퇴진을 요구하는 집회에 들어갔다. 처음부터 윤석열 정부를 인정할 생각이 없었던 이들 '반윤석열' 세력은 '제2의 촛불'을 꿈꾸며 계속 집회를 열어나가고 있다. 촛불행동을 이끌고 있는 안진걸, 우희종 상임공동대표와 김민웅 상임대표 등의 생각이 그러해 보인다.

같은 시간 인근에서는 보수 단체의 맞불 집회가 열린다. 보수단체가 개최한 집회 참가자들은 "문재인 전 대통령과 이재명 더불어민주당 대표를 구속 수사하라"고 요구하곤 한다. 태극기 부대의 상징 격인 전광훈 목사 등이 이끄는 보수단체들도 주말마다 모여 "문재인과 이재명을 감방으로 보내자!"고 외친다.

주말마다 집회를 열고 있는 양쪽의 세력들은 우리 사회에서 두 진영의 극단에 있는 단체들로 분류된다. 대선이 끝나고 얼마되지도 않아 양쪽의 극단주의 세력이 다시 거리로 나와 구호를 외치고 집회를 갖는 상황이 시작된 것이다. 물론 대다수의 국민들은 그런 극단적 흐름에 동의하지 않고 있다.

윤석열 정부가 집권 이후 민심의 실망을 낳기도 하여 지지율도 추락한 기간도 있었지만, 다수의 국민들이 대통령의 퇴진까지 요구했던 것은 아니다. '윤석열 퇴진'은 너무 앞서가는 구호이다. 또한 '아스팔트 보수'로 불리우는 극우 성향의 세력이 나서서 다짜고짜 전직 대통령의 구속까지 요구하는 광경도 거북하게 받아들이는 국민들이 더 많다. 다수의 국민들은 극우적 단체들이 선도하는 보수의 길을 원하지 않고 있다. 모두가 강성 지지층의 목소리만 대변할 뿐, 합리적인 중도층의 생각과는 거리가 먼 단체들이다.

좌우 극단주의 단체들, 증오의 선동 경쟁

이들 집회의 규모 자체는 대단하지도 않고 여론의 동조를 얻고 있는 것도 아니다. 하지만 이런 극단주의 단체들이 다시 거리로 나와 증오와 저주의 선동을 하는 광경에서 우리는 '정치의 실종'을 발견하게 된다. 정치가 갈등을 조정하기는커녕 오히려 갈등을 만들어내고 키우는 와중에 이러한 극단주의 세력들이 다시 고개를 들고 있는 것이다. 그런 점에서 보수-진보의 두 극단 세력들이 다시 거리로 나서는 광경은 우리 정치의 퇴행을 의미한다. 정치가 갈등을 조정하는 본연의 역할을 하지 못하는 있음을 말해준다.

돌아보면 지긋지긋한 광경이다. 지난 정부 시절에 있었던 조국 사태 이래로 계속된 진영 간의 극한 대결이 다시 발호하는 것이기 때문이다. 문재인 정부 시절 조국 사태를 거치면서 우리 사회는 '친親조국'과 '반反조국'으로 두 동강이 나버렸다. 조국의 편을 드느냐 비판하느냐에 따라 국민들은 둘로 쪼개졌고, 친구들끼리도 언쟁을 벌이다가 불편해지는 일들이 비일비재했다. 정반대의 주장을 하는 시민들이 제각기 서초동과 광화문에서 대규모 집회를 갖고 서로를 비난하고 증오했다.

그때 나라가 둘로 쪼개지다시피 했을 때도 갈등을 해결하려는 정치인들은 보이지 않았다. 국가적 갈등을 치유해야 할 대통령조차도 손을 놓고 있었다. 합리적인 목소리가 들리지 않고 극단적인 주장들만 거리로 쏟아져 나오는 상황은 우리가 되풀이해서는 안 될 일이다. 그런 방식으로는 결코 아무런 문제도 해결할 수 없음을 우리는 이미 경험하지 않았던가.

윤 대통령 비속어 논란,
정치권의 풍경

그런데 거리로 나온 극단주의 단체들만 탓하기에는 우리 정치권의 풍경 또한 그에 못지않다. 한동안 이어졌던 윤석열 대통령의 '비속어' 사용 논란은 우리 정치의 극한 대결 모습을 민낯으로 보여주는 광경이었다. '바이든'이었냐 '날리면'이었냐를 끝까지 가려보자는 사람들도 있었지만, "경제는 어렵고 민생은 고달픈데, 대체 이것이 보름이 넘도록 온 나라가 떠들썩할 일인가"라고 탄식하던 국민들이 대다수였을 것이다. 그 대상이 미국 의회가 아니라 우리 국회였던 것으로 보이지만, 윤 대통령이 비속어를 사용한 것은 사실일 가능성이 높아 보인다. 윤 대통령 본인은 "'이 XX들'이라는 발언을 했는지는 잘 모르겠다"고 주변에 말한 것으로 전해졌다. 처음부터 대통령실이 그런 발언을 시인도 부인도 하지 않는 모호한 입장을 취했음을 감안한다면, 윤 대통령이 실제로 그런 표현을 했을 수 있다.

그렇다면 기억이 다소 불확실하더라도 '기억이 분명하지는 않지만, 만약 그런 표현을 한 것이 사실이라면 송구하다'는 정도의 사과를 해서 논란을 매듭지으려는 노력은 필요했다. 그런데 그에 대해서는 아무런 말도 없이, "사실과 다른 보도로 동맹을 훼손한다는 것은 국민을 굉장히 위험에 빠뜨리는 일"이라며 "진상이라든가 이런 것들이 확실히 밝혀져야 한다고 생각한다"고만 했다. 만약 윤 대통령이 먼저 자신의 발언에 대해 사과하고, 그 다음으로 MBC 보도의 문제점을 추궁했다면 여론의 흐름은 많이 달라졌을 것이다. '비속어' 논란을 장기화 시키고 사태를 키운 데는 윤 대통령 본인의 책임도 컸다. 방송 보도와 야당 탓만 할 일은 아니었다.

그렇다고 대통령의 입에서 부지불식간에 '이 XX들'이라는 말이 나왔던들, 이를 '대형 외교사고' '국격 실추'라면서 '외교참사'로 몰아간 민주당의 태도는 과도한 것이었다. 문제의 발언이 미국을 가리킨 것이라고 단정하기 어려운 상황임에도, 민주당은 곧바로 윤 대통령의 말을 '바이든'으로 단정하며 외교적 갈등 사안으로 몰아갔다. 박홍근 원내대표는 "(윤 대통령의) 막말 사고 외교로 대한민국의 국격까지 실추됐다"라며 "윤 대통령이 회의장 나오면서 비속어로 미국 의회를 폄훼하는 발언이 고스란히 영상에 담겨, 대형 외교사고로 큰 물의를 일으켰다"라고 비판했다. 듣고 싶었던 대로만 들은 것이다.

자신들이 듣고 싶은 대로 듣고는 사실과 다른 자막을 입혀 방송을 내보낸 MBC는 끝내 자신의 오보에 대해 사과 한번 하지 않았다. 미국 측은 자신들과 관련된 일로 받아들이지 않고 있는데, 오히려 국내 야당과 방송사가 외교적 갈등을 부추긴 모습이었다.

이에 앞서 영국 엘리자베스 2세 조문 때도 민주당 쪽에서는 참배를 하지 못했다며 역시 '외교참사'라는 주장을 한 바 있었다. 그때도 정작 콜린 크룩스 주한 영국대사는 "새 국왕을 만났고 국장에 참석한 것이 조문"이라며 "윤석열 대통령과 영부인이 직접 참석해 주셔서 크게 감동했다"고 말했다. 그때도 영국 측은 감동했다는데 야당은 '외교결례'였다고 주장했다. 민주당은 매번 사실조차 불분명한 일을 갖고 외교적 갈등거리로 키우려는 모습을 보였던 것이다.

나중에는 이재명 대표까지 나서서 "불의를 방관하는 건 불의"라며 "의義를 위한다면 마땅히 행동해야 한다"고 했다. '불의'가 구체적으로 무엇을 의미하는지를 이 대표가 밝히지는 않았지만, 그 시점상 윤 대통령의 '비속어'가 계기가 되었음은 충분히 짐작할 수 있었다. 이 대표는 "할 수만 있다면 담벼락에 고함이라도 치라고 하셨던 김대중 선생은 '행동하지 않는 양심은 악의 편'이라고 했다"고 덧붙이기도 했다. 윤 대통령의 입에서 나온 거칠은 비속어 한마디로, '불의'니 '행동'이니, 심지어 '김대중 선생' 이름까지 나오는 것이 어울리는 것인지는 의문이다. 결국 민주당은 이런 강경 분위기 속에 박진 외교부 장관에 대한 해임건의안을 국회에서 단독으로 통과시켰다. 비속어는 대통령이 했는데, 해임건의는 박 장관이 당한 셈이 되었다.

죽기살기식 대결만 남은 정치권의 모습

대통령의 비속어 사용이라는, 어쩌면 해프닝처럼 지나갈 일을, 이렇게까지 온 나라가 떠들썩한 초대형 이슈로 키우는 정치권의 모습을 보노라면 차라리 경이롭다는 생각마저 든다. 이렇게까지 죽기살기 식의 대결을 벌이는 정치를 보노라면 우리 정치인들이 정치를 하는 진짜 이유는 무엇인지가 궁금해진다. 그들은 진정 나라를 위해서 정치를 하는 것일까. 아니면 정파의 이익을 위해 정치를 하는 것일까. '독재와 민주'의 대결 시대가 지나간 이후로 우리 정치가 이토록 죽기살기의 전쟁이 되었던 시절은 없었다.

윤석열 집권세력과 민주당 야당세력이 한치의 양보도 없이 극한 대결의 길로 치닫게 된 데는 국회에서는 여전히 여당인 민주당의 책임이 시간 순서상 일단 커 보인다. 역대급 강경파 정치인들이 주도하고 있는 민주당은 대선 직후부터 사실상 대선 결과를 인정하지 않는 초강경 행보를 보여왔다. 대선이 끝나고 얼마 되지 않아 민주당 강경파 의원들은 윤석열 당선인의 '본부장(본인·부인·장모)' 비리 의혹을 겨냥한 '윤석열 특검법'을 발의했다. 이어 김건희 여사를 겨냥한 '수사 관련 고위공직자의 공소시효 정지법'도 발의했다. 새 정부가 들어서기 전에 검찰 수사권을 완전히 박탈하려 했던 '검수완박'(검찰수사권 완전박탈) 입법을 밀어붙인 일은 6·1 지방선거에서 민심의 역풍을 맞기도 했다.

민주당은 처음부터 윤 대통령 정부를 인정할 생각이 없었다. "윤석열 정권은 참 나쁜 정권이고, 윤석열 대통령은 참 나쁜 대통령 같다"고 했던 정청래 최고위원의 말은 짐작하건대 아마 진심이었을 것이다. 윤 대통령에 대한 탄핵을 시사하고 김건희 여사를 겨냥한 특검법 발의, 국정조사 요구서 제출, 진상규명단 구성에 이르는 민주당의 총공세를 보노라면 민주당은 윤석열 정부를 하루빨리 무너뜨려야 할 악의 세력으로 보는 듯하다.

브레이크 없는 민주당의 강경 노선

민주당 내에서 강경파 지도부와 다른 목소리도 간간이 나오기는 한다. 5선 중진인 이상민 의원은 종종 당내 야당 같은 쓴소리를 하기도 한다. 이 의원은 이재명 대표를 향한 동시다발적인 수사가 이뤄지고 있는 상황을 놓고, "무조건 '당 대표에 대해 방패막이가 되겠다' 이렇게 생각하지는 않는다"고 말했다. "부당한 수사권의 오남용에 의해서 당 대표에게 조치가 취해지지 않도록 저희들이 안전병 역할은 하지만, 무조건 '당 대표에 대해 방패막이가 되겠다' '당과 이재명 대표는 혼연일체다' 이렇게 생각하지는 않는다"는 것이 그의 발언이었다. '이재명 지키기'에 총력을 기울이고 있는 민주당 주류의 분위기와는 결이 다른 의견이다. 이 의원은 그 이전에도 민주당이 '김건희 여사 특검법'에 대해 "지금 여러 여건을 보면 실현은 현실적이지 않다는 생각"이라고 부정적인 견해를 밝히기도 했다.

역시 당내에서 종종 소신 발언을 하는 조응천 의원도 이재명 대표에 대한 수사와 관련하여 다른 생각을 내비치기도 한다. 조 의원은 '성남FC 후원금 의혹'과 관련해 이재명 대표가 성남시장 시절 두산건설로부터 광고비 명목으로 현금을 후원받은 것은 "불법"이라고 의견을 밝혀 주목을 끌었다. 조 의원은 "검찰, 경찰이 최초 수사할 때 좀 딱 부러지게 제대로 했으면 어땠을까 하는 그런 아쉬움이 있다. 정권교체가 되니까 5월에서야 압수수색이 들어가고 지나치게 정권 향배에 수사기관들이 눈치를 봐서 이렇게 굴곡이 많았던 게 아닐까 하는 아쉬움이 있다"고 말해 애당초 문재인 정부 시절의 수사가 미진했음을 인정하기도 했다.

민주당이 과거와는 달리 강경노선 일변도로 치닫는 데에 대해 당내 중진이나 온건파 정치인들이 우려를 갖고 있음도 드러나기는 한다. 하지만 이들의 산발적인 목소리는 강성 권리당원들이 당을 좌지우지하고 있는 민주당에서는 더 이상 힘을 받지 못하는 것이 현실이다. 강경 노선이 브레이크 없는 질주를 하게 되는 당의 구조가 굳어졌고, 이는 윤석열 정부와의 극한 대결을 촉발시키는 구조적 환경으로 자리하고 있다.

극한대결의 정치,
집권세력도 책임있어

그러나 극한 대결의 정치에 대한 민주당의 책임만 거론하기에는 집권세력이 저지른 과오 또한 결코 가볍지 않다. 그 책임이 누구에게 크든 간에, 협치가 이루어지지 못하고 대결만이 난무하는 정치 상황에 대한 최종적인 책임은 집권세력의 것일 수밖에 없다. 만약 윤 대통령의 지지율이 지금처럼 추락하지 않고 국민의 높은 지지를 받는 상황이었다면 정국이 이렇게까지 극한 대결로 치닫지는 않았을 것이다. 윤석열 정부가 출범한지 몇 달도 되지 않아 민심을 잃고 추락하는 상황이 되니까 야당도 목소리를 높이며 강경한 행보를 할 수 있었던 것이다.

윤석열 정부의 집권세력이 그동안 보여준 여러 난맥들은 정권교체를 선택했던 국민들에게 큰 실망을 안겨주었다. 민심이 떠나기 시작한 결정적 계기였던 부실인사, 편중인사는 자기 진영의 울타리에 갇혔다는 점에서 문재인 정부 시절의 그것과 다를 바 없었다. 이번 비속어 사용에서도 나타났듯이 윤 대통령은 이제 검사가 아닌 대통령다운 모습을 보여달라는 국민의 주문에 부응하지 못했다.

게다가 여당인 국민의힘은 이준석 전 대표와 '윤핵관'들의 싸움으로 금쪽같은 시기를 그냥 허송세월하지 않았던가. 자신들의 잘못이 이렇게 쌓여있으니 민주당이 아무리 강경일변도의 정치를 한들, 여론이 집권세력의 편을 들며 지켜주지를 않는다. 한쪽의 증오는 다른 한쪽의 증오로 이어지게 되어있다. 민주당이 증오의 정치를 하면 여권세력도 그에 상응하는 증오의 정치로 답하게 되어있다. 최근 비속어 논란 대처 등에서 드러나는 윤 대통령의 강경한 태도는 야당에 대한 불만에 기인하는 바 큰 것으로 보인다. 하지만 국민이 아니라 야당을 바라보면서 하는 국정운영의 태도는 지극히 위험해 보인다.

사라져버린 '협치'의 구호

민주당이 강공으로 나올수록 그에 밀리지 않고 강하게 나가야 한다는 분위기를 여권세력에게서도 읽을 수 있다. 국회 소수당 처지에서 야당에게 밀리기 시작하면 식물정권이 될 수 있다는 위기의식을 갖고 있을 법하다. 그러니 민주당이 강경하게 나올수록 여권세력의 기류도 그만큼 강경해지는 분위기이다. 민주당이 온건해지면 여권에서도 비둘기파가 득세하겠지만, 민주당이 강경하게 나오면 여권에서도 매파가 득세하는 것이 정치의 속성이다.

지난 대선을 치르는 과정에서 '협치'는 차기 정부의 중요한 과제로 거론되었다. 문재인 정부 5년 동안 정치가 진영으로 갈려 극한 대결만 거듭한 데다가 대선 또한 전쟁처럼 치러졌다. 그래서 누가 정권을 잡든 협치를 해야 나라가 정상적으로 돌아갈 수 있다는 주문이 광범위하게 확산되었다. 그러나 지금 누구도 협치를 입에 담지 않는다. 그런 말이 너무도 공허하고 비현실적으로 느껴지는 상황이 눈앞에서 전개되고 있기 때문이다. 우리 정치의 숙원 가운데 하나였던 협치의 과제는 여야 정치권에 의해 쓰레기통으로 들어가 버리고 만 것이다.

우리 정치가 전쟁이 된 데는 거대 양당의 대결정치를 완충시킬 세력이 없는 정당 구도에서도 원인을 찾을 수 있다. 두 정당의 입장과는 또 다른 정당이 힘을 갖는다면 제3의 절충점을 찾거나 새로운 길을 찾는 것도 가능할 수 있다. 하지만 지금과 같이 두 정당만이 힘을 갖는 정당 구도에서는 언제나 양자택일만이 가능할 뿐이니, 공존과 타협의 정치를 모색하기가 더욱 어렵다.

다당제 가능한 선거제도 개혁 필요

우리 사회에 민주당과 국민의힘을 지지하는 국민만 있는 것은 아니다. 그들과는 다른 가치와 정책, 정치를 원하는 제3, 제4의 다양한 생각들이 존재한다. 그러나 현재와 같은 선거제도가 계속되는 한 여야 두 거대 정당 이외의 소수 정당들은 살아남는 것 자체가 어렵다. 오늘날 존립의 위기를 맞고 있는 정의당의 상황이 그러하다. 시대전환이나 기본소득당 같은 소수정당은 민주당의 위성정당에 참여하는 편법을 통해서야 비례대표 의석 한 개씩을 건질 수 있었을 뿐이다.

지난 21대 총선을 앞두고 정치권은 준연동형 비례대표제 도입을 골간으로 한 선거제도 개혁을 단행했다. 그러나 여야 두 거대 정당이 잇따라 비례대표용 위성정당을 창당하면서 이는 곧바로 무력화되었다. 애당초 그런 선거제도 개혁에는 관심이 없었던 국민의힘 세력도, 자신들이 앞장섰던 제도를 원점으로 돌리는 민주당 세력도, 오직 자신들의 기득권 유지에만 매달렸던 것이다. 그로 인해 승자독식의 선거제도는 여전히 유지되고 있으며, 정당들이 표를 얻는 만큼 의석을 갖는 방향으로의 개혁은 요원한 상태이다. 우리 정치에서도 다당제가 가능할 수 있는 방향으로의 선거제도 개혁이 22대 총선 이전에 이루어져야 할 일이다. 그래야 정당구조 면에서도 여야 두 정당의 극한대결 정치를 제어할 수 있는 길이 열릴 수 있다.

지금 여야 양대 세력이 하고 있는 것은 정치가 아니라 전쟁이다. 정치는 상대를 인정하며 협상과 타협을 하는 행위이다. 하지만 전쟁은 수단과 방법을 가리지 않고 상대를 이기는 것만이 목적일 뿐, 타협은 거추장스러운 일로 간주한다. 이미 치러진 3·9 대선과 6·1 지방선거도 전쟁을 방불케하는 광경으로 치러졌다. 그 전쟁 같았던 선거들이 끝났어도 평화는 한순간도 찾아오지 않았다. 지금 여야는 그동안 치른 선거 전쟁조차도 원점으로 돌리고 또 한차례의 전쟁을 치르고 있다. 경제와 민생이 어려움을 겪고 있는 오늘, 많은 국민들에게는 개탄스러운 상황의 반복이 아닐 수 없다. 조국 사태를 거치면서 둘로 쪼개졌던 나라와 국민이다. 그런데 이제 '바이든'이라고 믿는 국민과 '날리면'이라고 믿는 국민으로 나라가 두 동강 났다는 탄식이 나온다. 22대 총선에서 다시 승패의 결과가 나올 때까지는 지금의 이 전쟁이 멈출 것 같지 않다. 이 정치를 어찌할꼬.

김남국 코인과 박원순 다큐, 성찰없는 진보

'코인(가상화폐) 거래' 논란의 당사자인 김남국 의원이 더불어민주당을 탈당했다. "중요한 시기에 당에 그 어떤 피해도 주어서는 안 된다고 생각한다"는 것이 그의 설명이었다. 그러나 물의를 빚어 당을 떠나는 정치인의 목소리는 여전히 당당했다. "허위사실에 기반한 언론 보도가 쏟아져 나왔다. 법적 책임을 철저히 묻고, 단호히 맞서겠다"는 것이다.

'짠돌이' 정치인의 수십억 원대 코인 거래

평소 구멍 난 운동화를 신는다며 '짠돌이'를 자처했던 정치인이 수십억 원대 코인 거래를, 그것도 국회 회의 시간에 했던 사실은 국민에게 위선적 행태에 대한 배신감을 안겨주기에 충분한 일이었다. 그러나 김 의원은 국민의 그런 마음은 아랑곳하지 않고 "위법은 없었다"는 입장을 고수해 왔다. 마치 조국 전 법무부 장관이 인사청문회 때 "위법은 없었다"며 국민 정서를 외면한 입장을 고수했던 것과 닮은꼴이었다.

자신의 코인 거래를 둘러싼 논란을 "정치적 공세이자 이중잣대"라고 규정하던 김 의원이었다. 민주당을 떠났다고는 하지만 그가 잘못을 뉘우쳤기에 탈당했다고 생각되지는 않는다. 당의 진상조사 작업과 징계를 불가능하게 만들어버린 그의 탈당은 논란을 잠재우기 위한 '꼬리 자르기' 성격이 강해 보인다. 무슨 일만 생기면 일단 탈당해 논란에 종지부를 찍어온 민주당 의원들의 탈당 메뉴는 더 이상 아무런 감흥을 주지 못하는 의례적 이벤트가 되었을 뿐이다. 자신을 향한 논란에 반발해 오다가 당 안팎의 여론이 급격히 악화되자 뒤늦게야 사과하고 탈당한 김 의원의 행동에서 성찰의 진정성을 읽기는 어렵다.

'김남국 코인'을 옹호하던 궤변들

민주당 지도부에서는 김 의원을 옹호하는 궤변이 이어졌다. "김 의원이 김건희 여사 같은 주가조작 의혹을 받고 있나"(정청래 최고위원), "검찰이 유출했다면 엄청난 범죄가 될 것"(서영교 최고위원)이라고 했다. 손혜원 전 의원은 한술 더 떠서 자신이 김남국 의원을 살리겠다고 나섰다. "정직하고 정의롭고, 그런 친구를 국회에서 다시 만나기 어렵다"고 옹호하며 "김 의원은 내가 살린다, 총선을 기대해 달라"고 했다. 이쯤 되면 어안이 벙벙해질 정도다.

'김남국 코인' 덕분에 가리어진 '송영길 캠프 돈봉투' 사건도 있었다. 2021년 전당대회 때 송영길 후보 캠프에서 돈봉투를 살포했던 사실이 알려지면서 파문은 확산되었다. 특히 당시 송 후보가 돈봉투 살포를 인지한 것으로 추측할 수 있는 녹취록이 공개되면서 송영길 전 대표의 관련 여부에 관심이 향하게 되었다. 그러나 송 전 대표는 프랑스에서 뒤늦게 사과하고 귀국하면서도 돈봉투 인지 여부에 대해서는 끝내 함구했다. 모든 책임은 자신에게 있지만 돈봉투는 몰랐다는 기조의 대응인 셈인데, 그것이 성찰의 진정성을 가진 태도였는지는 향후 수사를 통해 가려질 것으로 보인다.

'박원순 다큐' 제작의 부적절함

정국이 어수선한 가운데 과거의 사건들을 재조명하려는 움직임들도 이어진다. '박원순을 믿는 사람들'이 제작한 박원순 전 서울

시장에 관한 다큐멘터리 영화가 7월 개봉된다고 한다. 제작위원회 측이 공개한 영화 포스터를 보면 '세상을 변론했던 사람. 하지만 그는 떠났고, 이제 남아있는 사람들이 그를 변호하려 한다'고 돼있다. 박 전 시장의 성추행을 부인하고 그를 옹호하는 내용의 것으로 판단된다. 이미 국가인권위원회의 조사와 법원의 판결이 나왔고, 무엇보다 피해자로부터 고소당하자 곧바로 극단적인 선택을 했던 의미에 대한 상식적 판단이 내려진 사안이다. 그럼에도 "1차 가해에 대한 여러 의문이 해소되지 않은 상태"임을 내세우며 가해자를 옹호하고 피해자를 다시 한번 고통스럽게 만드는 영화의 상영은 매우 부적절하다.

이미 피해자와 관련된 다른 사건의 판결문에 박 전 시장의 차마 글로 옮기기조차 민망한 구체적 행위들이 적시되어 있다. 성추행 문제가 불거지기 전까지 박 전 시장이 존경받는 인물로 자리했던 것은 사실이고, 특정 시기의 성추행 때문에 그의 모든 삶이 부정될 것은 아니다. 그러나 존경받던 인물이라고 해서 성추행의 구체적 내용이 드러나도 그럴 리 없다며 막무가내로 부정하는 것은 합리적이지도 이성적이지도 않은 태도다. 그런 강변의 바탕에는 '우리 편 사람들은 결코 그런 일을 할 사람이 아니다'는 진영의 이분법적 사고가 자리하고 있음을 읽을 수 있다.

너무도 당당한 조민의 모습

이런 와중에 알려진 조국 전 법무부 장관의 딸 조민씨의 행보 또한 이채롭다. 지난 2월 김어준씨의 유튜브 채널에 출연해 얼굴을 공개하고 자신은 떳떳하다고 주장한 조씨는 그 후 인스타그램을 통해 지지자들과의 소통을 늘려왔다. 여기서 한발 더 나아가 5월 12일에는 유튜브 채널을 개설하고 '유튜브 세계 첫 발걸음, 두둥… 내딛어봅니다. 쪼민의 영상일기'라는 제목의 영상을 올렸다. 물론 정치적인 내용의 것은 아니고 "영상일기 같은 거를 남기면 나중에 봤을 때 좋지 않을까, 진짜 내가 소소하게 행복함을 느끼는 콘텐츠를 하고 싶다"는 것이 그의 설명이다. 하지만 입시비리 수혜자로서의 반성이나 자숙과는 거리가 먼 모습이다. 아직 젊은 나이니까 새로운 삶의 길을 찾기를 바라던 마음은 너무도 당당한 젊은이의 모습 앞에서 공연한 연민이었다는 씁쓸함을 느끼게 된다.

알다시피 조씨의 모친 정경심 전 교수는 자녀 입시비리 등의 혐의로 징역 4년을 선고받고 복역 중이다. 그 후 조씨는 부산대 의학전문대학원 입학 취소 처분을 받았고 이에 불복해 소송을 제기했지만 패소했다. 상식을 지키려는 사람이라면 마땅히 고개를 떨구고 근신하는 것이 우리 공동체에 대한 예의다. 오죽하면 당사자의 부인에도 '조민 총선 출마론'이 사람들 입에 오르내리겠는가. 만에 하나 그런 광경이 벌어진다면 우리 사회는 옳고 그름에 대한 상식과 가치가 전복되는 사태에 직면하게 될지 모른다.

팬덤들의 지지만 의식하는 성찰없는 태도들

'윤석열 정부의 집권세력이 저 모양인데, 그래도 우리가 낫지 않냐'는 우월적 심리가 다시 발동해 이런 모습들이 이어지는 것일지도 모르겠다. 진보적 가치를 가진 세력이 '구관이 명관'이라며 명예를 되찾고 시대를 주도하는 세력으로 부활하는 것이 최선의 길이라는 판단들이 공유되는 것 같기도 하다. 그러나 진보를 표방했던 진영이 민심 이반으로 정권을 내주게 된 원인에 대한 성찰 없이, 저들이 잘못하니까 우리들이 다시 나서야 한다는 사고에 그친다면 달라질 것은 아무것도 없다.

보수가 잘못한다고 '그때 그 사람들'이 면죄부를 받고 나서는 것은 답이 아니다. 이는 보수와 진보 두 진영이 돌아가면서 권력을 주고받는 악순환의 무한 연장을 의미할 뿐이다. 그러니 과거 혹은 현재의 잘못에 대한 뼈아픈 성찰의 과정 없이 팬덤들의 맹목적인 지지를 등에 업고 진행되는 이 모든 광경에서 역사에 대한 고민을 찾아보기는 어렵다.

강준만 교수는 "보통 사람의 도덕감정을 고수하면서 정치를 한다는 건 사실 거의 불가능하다"면서 후안무치가 시대정신의 반열에 올랐다고 지적한 적이 있다. 잘못을 저지르고도 성찰할 줄 모르는 정치인들의 후안무치가 지지자들까지 감염시키며 우리 사회를 부끄러움을 모르는 야수적 싸움터로 만들고 있다. 세상을 더 나은 길로 이끌 수 있는 것은 몸과 마음을 낮춰 자신을 겸손하게 돌아보는 미덕을 가진 사람들임을 잊지 말아야 한다.

민주당은
너무 도덕적이라는 걱정

"진보라고 꼭 도덕성을 내세울 필요가 있느냐. 우리 당은 너무 도덕주의가 강하다." 더불어민주당 양이원영 의원이 했다고 언론에 보도된 말이다. 얼마 전 민주당 쇄신 의원총회에서 김남국 의원의 코인 거래 논란에 대해 그같은 말을 했다고 한다.

"진보라고 꼭 도덕성 내세워야 하나"

발언이 논란이 되자 양이 의원이 내놓은 해명이 "국민의힘보다 도덕적 우위에 있는 것도 중요하지만, 통치세력으로서의 유능함이 더 중요하다고 말했다"는 것이었다. 정확한 워딩에는 차이가 있을지 모르겠지만, 귀를 의심하게 만들었던 그런 취지의 발언을 한 것은 사실이었나 보다.

민주당 내 다른 강경파 의원들도 "소명이 끝나기까지 기다리자. 사냥하지 말자. 상처 주지 말자. 우리끼리라도"(유정주 의원), "검찰이 사냥감을 정한 후 수사권을 남용하고 특정 언론과 협잡해 프레임을 짜면 그 대상이 된 사람은 패가망신을 피할 방도가 없다"(황운하 의원) 등의 발언을 이어 갔다. 대변인을 맡고 있는 박성준 의원까지도 "왜 이렇게 수세적인가. 지금은 싸워야 할 때"라는 취지의 발언을 했다고 한다. 그러니 양이 의원과 비슷한 생각들이 민주당 내에서는 하나의 흐름인 것으로 보인다.

민주당의 도덕성에 대한 국민의 낮은 점수

양이 의원은 민주당이 너무 도덕성에 매달려 왔다고 생각하는 모양이다. 그러나 최근 민주당의 자체 여론조사 결과를 보면 국민의 생각은 그와 전혀 다른 것으로 나타난다. 민주당은 의총에서 소속 의원과 권리당원, 일반 국민을 대상으로 한 자체 여론조사 결과를 보고했다고 한다. 그에 따르면 민주당과 국민의힘 중 어느 쪽이 더 도덕적이라고 보느냐는 질문에 국민의 37.6%가 국민의힘을, 21.3%가 민주당을 선택한 것으로 알려졌다. 당원들은 민주당의 도덕성이 낫다고 더 많이 답했다고 하지만, 국민들은 민주당의 도덕성이 국민의힘보다 못한 것으로 평가했다는 결과다.

단지 여론조사만 갖고 얘기하는 것은 아니다. 민주당은 그동안 노웅래 의원과 이재명 대표의 체포동의안 부결에 따른 '방탄' 논란, 2021년 전당대회 당시 송영길 캠프의 '돈봉투' 살포 의혹, 그리고 '김남국 코인' 논란 등을 거치면서 도덕성에 대한 심각한 불신에 직면해 왔다. 과거에는 주로 보수정당 쪽에서 많이 터져 나왔던 비리 의혹들이 이제는 진보를 내걸어 온 민주당 쪽에서 거듭되는 상황이 된 것이다. 이를 갖고 '정치검찰'이 야당 관련 비리만 수사하니까 그런 것이라고 치부한다면 국민의 시선과는 너무도 동떨어진 것이다. '김남국 코인'의 실체도 그렇고, 그동안 제기된 민주당 관련 의혹들은 정치검찰이 '아니 땐 굴뚝에서 연기를 만들어 냈다'고 하기는 어려워 보인다.

먼저 도덕에 경의를 표하라던 칸트의 정언

플라톤의 대화편 '프로타고라스'에는 제우스가 인간에게 정의와 부끄러움을 준 얘기가 나온다. 인간들이 서로 불의한 짓을 하며 도륙하는 것을 본 제우스는 헤르메스를 인간에게 보내 부끄러움과 정의를 가져다주게 한다. 인간이 국가를 만들어 함께 사는데 정의와 부끄러움이라는 두 가지 덕목이 필수적이라고 제우스는 생각한 것이다.

그런데 "우리 당은 너무 도덕주의가 강하다"는 생뚱맞은 말은 정의롭지도 않고 부끄러움도 알지 못하는 궤변으로 들린다. 비리 스캔들이 끊임없이 터져 나오고 그에 대한 자정 능력은 보여 주지 못한 것이 그동안 민주당이 보여 온 모습이다.

그럼에도 진보라고 꼭 도덕성을 내세워야 하느냐고 반문하는 무모한 용기는 대체 어디서 생겨나는 것일까. 철학자 칸트는 "먼저 도덕에 경의를 표하지 않으면 진정한 정치는 전진할 수 없다"고 말했다.

우리는 여전히 여야를 막론하고 정치에 도덕성을 요구해야 한다. 진흙탕 싸움이 되어 버린 이 정치에 대해 도덕성마저 포기해 버린다면 우리 정치는 대체 무엇으로 살아남을 수 있겠는가. 하물며 입만 열면 진보와 정의를 말해 온 정치라면 두말할 나위가 없다.

민주당에는 김대중도 노무현도 없다

더불어민주당이 2022년 6·1 지방선거에서 또 졌다. 그것도 20대 대선보다도 훨씬 가혹한 심판을 받았다. 2021년의 4·7 재보궐선거, 2021년의 3·9 대통령선거에 이어 3연패를 당한 것이다. 그런데 6·1 지방선거에서의 참패는 이미 예고된 것이었다.

대선 패배에도 달라지지 않은 모습

지난해 3월 대선에서 민심은 정권교체를 선택했음에도 민주당은 대선 결과에 사실상 불복하는 태도를 줄곧 보여왔다. 민심이 등 돌린 이유를 성찰하고 있어야 할 시간에 민주당이 했던 일은 '검수완박'으로 상징되는 입법 폭주였다. 선거마다 아무리 패배를 안겨줘도 조금도 달라지지 않으니 민심이 더 강력하게 민주당을 심판한 것이 지방선거 결과였다.

반복되는 이런 선거 결과를 받아들이지 못하고 비분강개하는 사람들도 제법 있어 보인다. 어떻게 국민의힘이 민주당을 계속 이길 수가 있단 말인가. 민주당과 그 팬덤층의 생각으로는 유권자들의 그런 선택이 도저히 납득되지 않는 것이다. 민주당이 여러 가지로 실망스러운 것은 알겠지만, 그렇다고 악의 세력인 국민의힘이나 윤석열을 찍는다는 것은 그들에게는 상상할 수 없는 일이기 때문이다. 3월 10일 이후로 아예 뉴스를 보지 않는다는 열렬 지지자들의 얘기는 그래서 나오는 것이다. 이들은 변함없이 민주당은 '선', 국민의힘은 '악'이라는 선악의 이분법에 갇혀 있다.

민주당 진영을 여전히 지배하고 있는 그러한 선악의 이분법은 자신들을 바라보는 객관적이고 합리적인 시선을 불가능하게 만든다. 하지만 몇 년 전까지만 해도 민주당을 지지했다가 이제는 돌아서서 심판자로 나선 많은 사람들의 눈에, 지금의 민주당은 예전의 그 민주당이 아니다.

민주당은 김대중-노무현 정신 계승하고 있나

과거 민주당은 누가 뭐라 해도 우리 정치사에서 민주주의를 선도했던 역사를 가진 정당이었다. 엄혹했던 독재정권 시절, 민주당은 때로는 국회에서 때로는 거리에서, 독재를 물리치고 민주화를 쟁취하기 위해 몸을 던졌다. 1987년 6월 항쟁을 거치면서 이루어졌던 직선제 개헌, 그리고 결국은 이루어낸 수평적 정권교체의 역사는 그런 피와 땀이 낳은 결실이었다. 그 뒤로도 김대중 정부에 이어 노무현 정부까지 이르면서 민주당은 우리 사회의 변화와 개혁을 선도하는 정당으로서 존재 가치를 보여주었다. 민주당이 민주주의와 개혁을 대변했던 시절이 우리 정치사에 오랜 기간 이어진 것은 엄연한 역사적 사실이었다. 민주당의 과거 역사는 그렇게 자랑스러운 것이었다.

그런데 이제 민주당에는 자신들의 정치적 뿌리였던 김대중과 노무현의 모습이 보이지 않는다. 물론 민주당사에 가면 지금도 김대중 전 대통령과 노무현 전 대통령의 사진이 걸려있다. 해마다 8월 18일이 되면 민주당의 많은 정치인들이 참석한 가운데 김 전 대통령의 추모식을 갖곤 한다. 이보다 먼저 돌아오는 5월 23일이면 민주당의 정치인들은 대거 봉하마을에 모여 노무현 전 대통령의 추모식을 갖곤 한다. 민주당은 예나 지금이나 김대중과 노무현의 역사를 잇고 있는 정당이라는 자부심에 가득 차 있는 모습이다.

김대중-노무현 정신은 극단주의와 인연 없다

그러나 국민들의 시선도 과연 그럴까. 유감스럽게도 지난 몇 년간 민주당이 보여준 모습에서는 정작 김대중과 노무현을 볼 수 없다. 지금 민주당에는 두 전직 대통령의 이름과 사진은 있지만, 그들의 정치가 추구했던 정신은 간 곳 없이 사라지고 말았다. 언제부터인가 민주당은 극단주의와 팬덤정치가 지배하는 정당이 되어버렸다. 물론 노무현 대통령 시절에도 '노빠'를 자처하는 팬덤층이 존재했지만 지지자들의 다양성 정도로 넘길 수 있는 정도였다. 지금과 같은 극단적 정치행태가 본격적으로 기승을 부리기 시작한 것은 야당 시절 '문재인의 민주당'이 되면서였다.

문재인을 지키기 위해 강성 지지층들은 대거 민주당에 입당했고, '친문' 정치인들끼리 공천을 주고받으면서 다양성도 균형도 사라진 채 강경한 목소리만 남은 정당이 되어버렸다. 혹여 당의 주류와 다른 목소리를 냈다가는 문자폭탄과 공천탈락의 응징 속에 견뎌낼 수 없는 당이 된 것이다. 오늘 민주당을 이끌고 있는 가치는 상대를 인정하지 않는 극단의 정치, 지지층만을 대변하는 팬덤정치로 요약된다.

그런 극단주의 정치는 정작 김대중과 노무현의 정치와는 아무런 인연이 없다. 두 전직 대통령은 상대를 악이라고 간주하는 이분법에 갇히지도 않았고, 오히려 국민통합을 위해 보수 정치세력과의 연합이나 통합도 마다하지 않았다. 그들이라고 그 시절의 보수 정당에게 여러 문제가 있음을 모르지 않았을 것이다. 그래도 망국적인 지역주의를 극복하고 국민통합을 이루기 위해서는 국가적 차원의 거대한 연대가 필요함을 생각했던 것이다.

김대중 전 대통령은 진보와 보수의 연합이자 호남-충청의 지역연합인 DJP 연합을 통해 50년 헌정사 최초의 정권교체를 이루어냈다. 그는 집권 기간 내내 동진東進정책으로 표현되는 영남 보수세력과의 화합에 공을 들였다. 김 대통령은 집권 이후 용서와 포용의 리더십을 발휘하여, 자신을 죽이려고 했던 세력까지도 껴안으려는 모습을 보였다.

노무현 전 대통령도 극단주의와는 거리가 먼 정치를 했다. 그의 꿈은 국민통합이었다. 노 전 대통령 또한 영·호남의 화합을 추구하며 '영남 보수세력'을 껴안는데 공을 들였다. 급기야 임기 중인 2005년에는 전격적으로 한나라당과의 대연정大聯政을 제안했다. 물론 당시 야당인 한나라당도 거부하고 지지층 내에서도 반발이 커서 제안으로만 끝나고 말았다. 그럼에도 노 전 대통령은 보수정당과의 연정을 하면서라도 국민통합을 이루겠다는 결기를 보여주었던 것이다. 그때 노 대통령은 지지층 내부에서의 반발이 거세자, 대연정을 제안한 자신의 진의를 이렇게 설명했다. "제가 원하는 것은 대연정보다는 선거제도 개혁입니다. 선거제도 개혁을 아무리 하려고 해도 안 되니까 정권을 내놓는 한이 있더라도 꼭 선거제도를 고치고 싶습니다. … 진정으로 제안하는 것은 선거제도를 고치자는 것입니다. 지역주의를 해소할 수 있는 선거제도를 만들자, 이 제안입니다."

극단주의와의 결별이
김대중-노무현 잇는 길

비록 김대중-노무현의 국민통합 노력이 당대에 의미 있는 결실을 거두지는 못했지만, 그래도 우리 정치가 가야 할 큰 길이 무엇인가를 제시했다. 그렇게 국민통합의 길을 갔던 김대중과 노무현의 민주당이었건만, 이제는 상대를 악마로 만드는 데만 몰두하며 공존을 거부하는 정당이 되고 말았다. 김대중과 노무현은 정치가 무엇인가를 알던 지도자들이었다. 정치란 민심을 따르며 상대와 공존하고 타협하는 것임을 두 사람은 실천으로 보여주었다.

그러나 지금의 민주당 하면 떠오르는 이름은 더 이상 김대중과 노무현이 아니라 '처럼회'가 되었다. 이제라도 민주당이 민심에 맞서온 극단주의와 결별하지 못한다면 2024년 총선에서도 다시 심판 당할지 모른다. 다시 김대중과 노무현이 보였던 통합의 정신으로 돌아갈 것인지, 아니면 극단주의와 함께 바닷속으로 가라앉을 것인지, 민주당에게는 선택의 시간이다.

더불어민주당은 팬덤정치와 결별할 수 있을까

"민주당을 팬덤정당이 아니라 대중정당으로 만들겠다." 6·1 지방선거 기간인 2022년 5월 24일 긴급 기자회견에서 더불어민주당 박지현 전 공동비대위원장이 했던 말이다. "맹목적 지지에 갇히지 않고 대중에 집중하는 민주당을 만들겠다. 우리 편의 큰 잘못은 감싸고 상대편의 작은 잘못은 비난하는 잘못된 정치문화를 바꾸겠다"는 것이 그의 다짐이었다.

팬덤정치 극복이라는 민주당의 숙제

사실 새삼스러운 문제도 아니고, 다수 국민들의 마음속에 진즉부터 자리하고 있던 얘기였다. 그런데 그런 다짐을 했던 박 전 위원장은 선거 패배의 책임을 지고 물러났다. 팬덤정당이 되어버린 민주당을 환골탈태 시키는 일은 여전한 숙제로 남아있다.

선거가 민주당의 참패로 끝나자 다시 팬덤정치와의 결별을 거론하는 민주당 정치인들이 눈에 띈다. 민주당의 5선 중진인 이상민 의원은 이렇게 말했다. "'금기와 성역' '맹종과 팬덤' '일색과 패거리, 배척' '계파성' 등을 무엇보다 산산조각 내 부숴버려야 될 것이다." 온갖 부정적인 의미들이 망라된 이 한 마디 말이, 지금의 민주당을 바라보는 민심의 평균치일지 모른다. 민주당의 선거 3연패 행진은 그만큼 그들을 향한 국민의 시선이 싸늘해졌음을 말해주는 사건이었다.

2017년 대선에서 정권을 잡았던 민주당이었다. 문재인 정부가 들어섰을 때 국민들은 80%가 넘는 지지율을 나타내며 한껏 기대를 표했다. 그리고 2020년 21대 총선에서 민주당과 위성정당인 더불어시민당에게 무려 180석의 의석을 안겨주었다. 그랬던 민주당이 정권교체 여론을 끝내 못 이겨 대선에서 패하더니, 다시 한 달도 되지 않아 지방선거에서도 참패를 기록하고 말았다.

정당에 대한 지지율이라는 것이 상황에 따라 언제든 변하는 것이지만, 이렇게 단기간에 정점에서 바닥으로 추락하는 것도 보기 드문 일이다. 대체 민주당에게 무슨 일이 있었던 것일까. 진영논리가 낳은 내로남불의 정치, 부동산 정책 실패 등 무능했던 국정운영에 대한 민심이반 등의 온갖 이유들을 새삼 열거할 필요는 없을 것이다. 이제 중요한 것은 과연 민주당은 달라질 수 있을 것인가, 그래서 내년에 치러지는 22대 총선에서 4연패 당하는 사태를 막을 수 있을 것인가 하는 데 있다.

그동안 선거에서 패했을 때마다 그랬듯이, 6·1 지방선거 패배 직후에도 민주당은 국민에 대한 사과와 함께 패배의 책임을 지겠다고 말했다. 민주당 지도부인 비대위원회는 선거 다음날 총사퇴를 밝히며 국민과 당원들에게 '사죄드린다'는 입장을 내놓았다. 윤호중 공동비대위원장은 "민주당의 더 큰 개혁과 과감한 혁신을 위해 회초리를 들어주신 국민 여러분께 감사드린다"며 이번 지방선거 결과에 책임을 지고 전원 사퇴하기로 했다"고 했다.

민주당, 선거 3연패의 이유 성찰했어야

반성과 쇄신의 목소리들은 뒤늦게야 터져 나왔다. 국회에서 '검수완박' 입법 독주를 이끌었던 박홍근 원내대표는 "국민께서 왜 회초리를 드셨는지 하나부터 열까지 제한 없이 철저히 성찰하겠다"면서 "재창당의 심정으로 '그만하면 됐다'고 하실 때까지 혁신하겠다"고 말했다. 이낙연 전 대표는 "대통령 선거를 지고도 아무 일도 없었던 것처럼 지방선거를 치르다 또 패배했다"면서 "패배의 누적과 그에 대한 이상한 대처는 민주당의 질환을 심화시켰다"고 진단했다.

이재명 대표의 출마가 잘못이었음을 비판하는 목소리들도 이어졌다. 홍영표 의원은 "사욕과 선동으로 당을 '사당화'시킨 정치의 참담한 패배"라며 "대선 이후 '졌지만 잘 싸웠다'는 해괴한 평가 속에 오만과 착각이 당에 유령처럼 떠돌았다"고 비판했다. 전해철 의원도 "대선 패배에 책임 있는 분들이 납득하지 못할 이유로 자기방어와 명분을 만드는 데 집중했다"며 "선거 패배에 책임이 있는 분들은 당의 쇄신 과정에서 한발 물러서달라"고 이재명 대표를 겨냥했다. 경기도지사 선거에서 생환한 김동연 지사는 "지난 대선 패배 이후 이번 지방선거까지 성찰이 부족했다. 국민 눈높이에 맞는 개혁과 변화가 필요하다"는 성찰의 목소리를 냈다.

사실 새로운 얘기들도 아니요, 이미 언론과 여론에 의해 충분히 지적되었던 문제들이다. 그럼에도 내내 귀를 막고 있다가 다시 한번 참패를 당하고 나서야 사후약방문 식의 얘기들이 쏟아져 나왔다. 물론 이제라도 민주당이 민심의 요구에 부응하는 환골탈태의 모습으로 다시 태어나는 길을 간다면, 내년 총선에서는 반전의 상황을 만들 수 있을 것이다. 원래 정권이 들어서고 2년 정도 지나서 치러지는 총선은 대개 정권에 대한 중간평가의 장이 되기 쉽다. 지금 윤석열 대통령이 드러내고 있는 보수 편향 노선, 편중 인사 등 여러 문제들을 보노라면, 민주당이 제대로 달라지면 다음 총선은 윤석열 정부에 대한 중간평가의 장이 될 수 있겠다는 생각도 든다. 하지만 그런 길을 놔두고 민주당이 민심에 역행하는 모습을 고집한다면 민심은 다시 한번 민주당 심판에 나설 가능성이 여전히 크다. 결국 민주당이 하기에 달린 일이다.

그런데 문제는 바닥까지 추락한 민주당이건만, 의미 있는 변화의 가능성이 그리 커 보이지 않는다는 점이다. 민주당의 변화를 가로막고 있는 팬덤정치의 굴레가 워낙 강고해 보이기 때문이다. 강성 지지층들로 구성된 팬덤층은 당의 노선을 극단화로 치닫게 만든다. 팬덤들은 자신이 지지하는 정당이나 정치인을 절대선으로 믿는다. 그러니 선악의 이분법에 따라 모든 일에 '아'와 '피아'를 가르는 진영 간의 대결을 추구하는 속성을 갖는다. 팬덤들은 정치의 요체인 공존과 타협의 논리를 불온한 것으로 단죄한다. 그래서 팬덤정치와 극단주의는 동전의 양면과도 같다.

극단주의 강경파들만 눈에 띄는 민주당

지난 5년간 문재인 정부와 민주당에게서 민심이 떠나가도록 만든 것도 그런 팬덤정치였다. 문 전 대통령은 자신들이 의존했던 팬덤정치가 낳는 폐해에 대해 아무런 문제의식을 갖고 있지 못했다. 경쟁자들을 적으로 간주하고 악플과 문자폭탄을 날리는 팬덤들의 행동을 '경쟁을 흥미롭게 만들어주는 양념'이라고 했던 그의 발언은 두고두고 전해지는 악담이 되고 말았다. 문 전 대통령이 팬덤정치가 낳은 문제들에 조금이라도 유념하며 지지자들의 자제를 설득하려 했다면 오늘의 민주당이 이렇게까지 극단으로 치닫지는 않았을 것이다.

그런데 문 전 대통령이 '양념'이라고 했으니, 오늘 그의 사저 앞에 극렬 반대자들이 모여 연일 집회를 하는 부메랑이 날아오게 된 셈이다. 문 전 대통령은 집권 기간의 대부분 동안 지지자들의 목소리에만 귀 기울이는 대통령으로 갇혀 버렸다. 전체 국민이 아니라 팬덤들이 이끌고 있는 지지자들만의 대통령이 되었던 것은 문재인 정부와 민주당의 치명적인 한계가 되어버렸다.

언제부터인가 민주당 하면 극단주의 강경파 정치인들만 눈에 띄는 정당이 되었다. 강경파 그룹인 '처럼회'에 모여있는 10여명의 초선 의원들이 당을 쥐락펴락하면서 강경일변도의 노선을 이끄는 사실상의 지도부가 되어버렸다. 대선 패배의 한 원인으로 진단되는 '검수완박'의 입법 폭주도, 임대차 3법과 공수처법의 무리한 밀어붙이기도 모두 이들 강경파에 이끌려서 한 것이다. 그 앞에서 다른 목소리라도 냈다가는 극성 팬덤층의 문자폭탄에 시달리거나 공천 탈락의 위험에 처하게 되니, 좀처럼 입을 열기 어렵다. 다양성은 사라졌고 하나의 강경론만이 존재하는 곳이 오늘의 민주당이 된 것이다.

본래 민주당은 지금처럼 극단주의가 당을 지배하는 정당이 아니었다. 과거 군사독재정권에 맞서 민주화 투쟁을 벌이던 시절에야 '독재와 민주'의 이분법에 따른 선명 노선이 불가피했다. 하지만 6월 항쟁을 거쳐 제도적 민주화가 기본적인 틀을 갖춘 이후로는 민주당은 균형과 통합을 생각하는 정당이었다. 해마다 민주당의 정치인들이 모여 추모하는 김대중-노무현 두 전직 대통령 모두 국민통합을 위해 공을 들였던 지도자들이었다.

그랬던 민주당이 진영논리와 극단주의가 지배하는 정당으로 변질된 것은 과거 야당 시절 '친문' 정당으로 변모하면서였다. 2011년 이해찬 전 대표가 이끌던 당 밖의 친노 그룹 '혁신과 통합'이 손학규 대표가 이끌던 민주당과 통합하면서 친문 그룹이 당의 헤게모니를 구조적으로 장악하게 된다. 당시 친노 그룹은 2012년 대선을 앞두고 당의 헤게모니를 장악하기 위해 온라인 권리당원의 영향력을 계속 키웠다. 결국 통합 이후의 두 차례 전당대회에서 친노 그룹의 한명숙, 이해찬 전 대표가 잇따라 당 대표가 되었다. 이어서 2012년 대선 후보 경선에서는 모바일 투표에서 단연 앞선 문재인 후보가 대의원 투표에서의 열세에도 불구하고 손학규 후보를 누르고 대선 후보로 선출되었다.

'문재인 대표' 시절부터 본격화된 팬덤정치

온라인 당원 가입을 통한 영향력의 강화는 문재인 대표 시절에 계속되었다. 친노 그룹을 사실상계승한 친문 그룹은 온라인 당원제를 도입하여 '문파'들의 영향력을 비약적으로 강화해 나갔다. 공천 과정에서 '문파' 권리 당원들의 영향력은 계속 커졌고, 금태섭 전 의원 같은 '이단자'에 대한 경선 탈락은 다른 의견을 봉쇄하는 무기가 되었다. 친문 그룹의 지원으로 당 대표가 된 추미애 전 대표 시절에는 '100만 권리당원 운동'까지 벌어져 민주당은 구조적으로 '문파' 정당이 된 것이다. 따라서 오늘 민주당의 고질적 문제가 되어버린 팬덤정치의 원조는 친문 그룹이었다. 실제로 문재인 정부 시절 5년간 친문 그룹은 팬덤층의 지지를 등에 업고 진영의 정치를 강화해 나갔고, 이는 진영 대결이 낳은 내로남불의 만연이라는 비판을 받게 된다. 오늘 민주당이 겪은 선거 3연패의 치욕은 이 같은 팬덤정치가 낳은 필연적 결과였다.

민주당이 정권을 내놓고 야당이 된 마당에, 더구나 민심을 잃어 선거에서 연전연패 당하는 마당에, 팬덤정치와 결별하는 것이 근본 과제임은 굳이 박지현의 말이 아니더라도 생각할 수 있는 일이다. 그러나 그런 현실 속에서도 민주당은 여전히 팬덤정치에 갇혀있는 모습이다. 친문 팬덤으로 모자라 '친명'(친이재명) 팬덤이 새롭게 등장하여, 두 흐름의 팬덤정치가 대결하고 있는 것이 지금의 민주당이 되었다. 지금 민주당에는 두 가지 줄기의 팬덤정치가 존재한다. 하나는 친문재인을 표방했던 '문파' 팬덤이고, 다른 하나는 친이재명 '개딸'(개혁의 딸) 팬덤이다. 그런데 최근의 광경을 지켜보면, 팬덤정치의 원조격이었던 친문 그룹이 친명 개딸 들의 팬덤정치에 의해 수난을 당하는 처지가 되었다. 코미디 같은 악순환의 장면이다.

친문 핵심으로 불리우는 홍영표 의원이 방송에 출연하여 선거 패배에 대한 '이재명 책임론'을 제기하며 그의 출마를 "많은 당내 사람들이 반대했었다"고 밝혔다. 그러자 이재명 대표를 지지하는 '개딸'들의 공격이 시작되었다. 홍 의원의 지역구 사무실에는 그를 맹비난하는 글이 담긴 길이 3m 대형 대자보가 붙었다. '사랑하고 존경하는 우리 홍영표 의원님이 말하는 거 보고 있으니 치매가 아닌지 걱정되고, 중증 애정결핍이 심각한 것 같다'는 내용이었다.

'개딸'이라는 '친명' 팬덤의 등장

개딸을 자처하는 이들은 6·1 지방선거 이후 이재명 대표를 조금이라도 비판하는 민주당 정치인들에 대해서는 '수박'이나 '똥파리'라고 부르며 문자폭탄을 대대적으로 투척하고 있다. "이재명 의원 측이 당 대표를 언급하는 것은 적절하지 않다"고 말한 전해철 의원, "이재명 친구, 상처뿐인 영광! 축하합니다"라는 글을 올린 이원욱 의원 등이 모두 공격 대상이었다. 팬덤정치에 기대어 정치적 영향력을 과시해왔던 친문 그룹이, 이제 친명 팬덤정치에 의해 공격받으며 수세에 몰리는 상황은 무척 그로테스크해 보인다. 지금 민주당에는 하나의 팬덤정치가 저물어 가고 다른 새로운 팬덤정치가 최대 세력으로 등장하는 광경이 벌어지고 있다.

이재명 대표가 국회의원이 되어 첫 출근을 하던 날, 자칭 개딸들은 국회 담장과 민주당 당사 앞에 수많은 화환을 도열시켜 그의 국회 입성을 축하했다. 이 의원의 출근을 축하하는 내용이 주를 이루었지만, '건드리면 출동한다'와 같이 비판자들을 향한 지지자들의 경고를 담은 문구들도 눈에 띄었다. 이재명 대표를 지지했던 개딸들의 전투력과 결집력은 대선이 끝난 이후로 한층 강화되어 이제 민주당의 분위기를 좌우하는 상당한 변수로 자리하고 있다. 이재명 대표가 차기 대선에서 대통령이 되기 위해서는 이제 자신들이 지켜줘야 한다는 것이다. 문재인 전 대통령의 팬덤들이 늘 '우리가 지켜드리겠다'고 하던 모습과 다르지 않다.

지난 1월 이 대표가 검찰에서 조사를 받은 다음 날, 친민주당 성향의 '딴지일보' 게시판에는 '민주당 의원들 검찰 방문 및 발언 SNS 전수조사'라는 제목의 게시글이 올라왔다. 그 글은 민주당

의원 169명의 이름을 가나다순으로 나열하고 서울중앙지검 출석 당시 동행 여부, 검찰 관련 비판 발언 여부를 항목별로 'O 또는 X' 표시한 표를 올렸다. '아무것도 하지 않은 의원 85인'은 따로 표를 만들어 보여주기도 했다. 일종의 블랙리스트였던 셈이다. 이 게시글은 검찰 수사에 침묵하는 것은 '당원에 대한 배반'이니 "경선과 총선 때 평가해 위선자들이 걸러지기를 바란다"는 얘기를 꺼내기도 했다. 실제로 이 리스트에 오른 의원들에게는 전화와 문자폭탄이 쏟아졌다. 민주당 소속 의원 전원을 검열하며 문제가 있는 의원들에게는 개딸들의 위력을 보여주는 '사상지도'가 행해진 셈이다.

문재인 정부 시절 친문 팬덤들의 문자폭탄에 겁을 낸 민주당 정치인들이 입을 닫아버렸듯이, 이재명 대표를 향한 쓴소리도 눈치를 살펴야 하는 분위기가 형성되고 있다. 권력의 논리상, 그동안 민주당의 팬덤정치를 주도했던 '문파'는 '지는 해'일 수밖에 없다. 문재인이라는 구심이 퇴임하였고, 무엇보다 뚜렷한 차기 대선주자를 보유하고 있지 못하다. 친문이 아무리 친명과 각을 세우며 대결한다 해도 그 힘을 당해 내기는 쉽지 않아 보인다. 결국은 개딸로 상징되는 새로운 팬덤정치가 민주당을 주도하게 될 가능성이 높다.

이재명 대표도 자신을 지지하는 이 같은 팬덤 현상을 적극 반기는 모습을 보여왔다. 지난 선거 과정에서 이 대표는 '개딸'

'양아들'(양심의 아들) 현상에 대해 "세계사적인 의미가 있는 새로운 정치 형태"라고 한껏 치켜세웠다. 팬카페 '재명이네 마을' 서포터즈와의 만남 자리에서 이 대표는 "참 많은 우리 개딸, 양아들, 개이모, 개삼촌, 심지어 개할머니까지 함께해 주셔서 정말 큰 힘이 난다. 우리가 큰 대세를 만들고 있다. 얼마나 위대한 일인가"라고 자평하기도 했다.

이재명 대표, '개딸' 팬덤들에 업혀서는 안돼

차기 대권 재도전이 지상 과제인 이 대표로서는 개딸들의 팬덤정치가 더 없는 원군으로 여겨질 수 있을 것이다. 6·1 지방선거에서 자신의 존재 가치를 보이지 못한 채 오히려 패배 책임론에 휩싸인 그로서는 팬덤 지지층의 영향력을 등에 업는 것이 정면돌파를 위한 최선의 길이라고 생각할 법하다. 팬카페 '재명이네 마을'에서 개딸들로부터 '아빠' 소리 듣기를 조금도 민망해하지 않고 즐기는 그의 모습이 이를 말해준다.

이재명 대표는 검찰의 수사와 기소에도 불구하고 자신을 지지하는 팬덤정치를 등에 업고 차기 대권을 기약하며 가겠다는 의지가 분명해 보인다. 박지현 전 위원장은 민주당의 당면 과제로 팬덤정치와의 결별을 말했다. 하지만 그를 비대위원장에 추천했다는 이재명 대표가 새로운 팬덤정치의 중심에 있다는 사실은 무척 아이러니한 일이다. 그렇다면 박지현이 말한 팬덤정치와의 결별이 민주당에서 이루어지는 것은 사실상 불가능한 일로 보인다.

지방선거 패배의 책임과 당의 진로를 둘러싼 친명과 친문의 공방전이 가열되는 가운데 민주당은 당시 새 비대위원장에 4선 중진인 우상호 의원을 택했다. "국회의원 선거 불출마를 선언한 만큼 대선 이후 치우치지 않고 중립적으로 비대위 역할에 있어서 리더십을 발휘할 분"이라는 것이 민주당의 설명이었다. 하지만 우 위원장은 자신의 총선 불출마를 선언했다고는 하지만, 바로 용퇴론의 대상인 '86' 그룹의 대표적 인물이다. 물러난 박지현 전 위원장은 선거 와중에 '86 용퇴론'을 주장했다가 윤호중 전 위원장을 비롯한 당사자들의 격한 반발을 샀다. 이때 우상호 위원장도 "특정 세대 전체를 통으로 물러나라고 하는 것은 정합성도 떨어지고 좀 불합리한 얘기"라며 86 용퇴론에 대해 반대 입장을 분명히 한 바 있다. 더구나 우 위원장은 평소 '김어준의 뉴스공장' 같은 팬덤 방송에 자주 출연하며 팬덤들의 입맛에 맞는 말들을 많이 해왔다. 개딸들의 목소리가 갈수록 커지는 상황에서 민주당의 팬덤정치가 수그러들지 않고 계속 강화될 것임을 예고한 장면이었다.

김영춘 전 의원같이 개인 차원의 자발적 용퇴가 아닌 한, 86 그룹의 집단적 용퇴 같은 것은 쇄신 시나리오에 거론조차 되기 어려울 것이다. 결국 86 용퇴론은 더 이상 거론되지 못한 채 22대 총선에서 많은 86들이 다시 한번 출마에 나서게 될 것이다. 민주당의 86체제는 달라지지 않고 계속 간다는 의미이다. 민주당의 쇄신을 이끌어야 할 비대위원장 자리에 대표급 86 정치인이 들어섰던 상황은 민주당이 선택할 쇄신의 폭과 강도를 한계 지운 나쁜 선택이었다.

친문과 친명,
모든 팬덤정치와 결별해야

민주당에서는 그래도 균형적인 목소리를 내온 조응천 의원은 민주당 내 친명-친문 갈등에 대해 "어느 쪽이 득세해서 당권을 잡아도 민주당이 쇄신하고 반성했다고 여기지 않을 것"이라고 말했다. "두 그룹 모두 도긴개긴이기 때문에 남 탓할 일이 아니다"라는 것이 조 의원의 지적이었다. 사실 국민들이 보기에 친명이나 친문이나 팬덤정치에 기대어 극단의 정치를 해온 것은 매한가지이다. 그런데 이제 와서 선거 패배 책임을 놓고 서로 네탓이라고 싸우고 있으니 볼썽사나운 것이 사실이다.

민주당이 정권을 내놓게 되고 다시 지방선거에서 참패하게 된 데는 두 세력 모두의 책임이 있다. 그런 점에서 볼 때 친명과 친문 두 그룹의 책임 공방은 또 한번의 내로남불에 불과한 것이 사실이다. 그 대결에서 어느 쪽이 이기든 간에 팬덤정치와의 결별이라는 민주당의 숙제와는 무관해 보인다. 친명과 친문은 지금 민심이 요구하는 혁신 경쟁이 아니라, 자기들끼리의 권력투쟁을 벌이고 있다고 보는 것이 맞다. 그러니 어느 쪽이 이긴들 결과는 공허할 수밖에 없다.

우리가 문제 삼아야 할 것은 팬덤정치가 낳은 극단적이고 반이성적인 정치문화이지, 그것이 친문의 것이냐 친명의 것이냐가 중요하지는 않다. 그 수혜자가 누구냐에 따라 좋은 팬덤정치가 있고 나쁜 팬덤정치가 있는 것은 아니기 때문이다. 결국 친명도 친문도 아닌 새로운 세력이 등장하여 팬덤정치를 끊어내고 극단주의 정치의 물갈이를 선도해야 하는데, 이것을 해낼 만한 구심이 없는 것이 민주당의 현실이다. 그래서 민주당의 앞길은 짙은 안개에 가리어져 있다. 결국 22대 총선에서 민주당에 대한 민심이 다시 확인될 때, 그때 가서야 비로소 민주당의 앞길이 어떤 방향으로든 정리될 가능성이 커 보인다. 외부의 충격 없이는 자기 힘으로 스스로 변화하기 어려운 상태, 그것이 민주당의 현주소이다.

'처럼회'처럼 하는 정치

처럼회. 지난해 '검수완박' 법안 논란 과정에서 많이 등장했던 이름이다. 더불어민주당이 검수완박 법안 밀어붙이기를 하는 과정에서 줄곧 선봉에 섰던 민주당 초선의원들의 모임이다. 여기에는 민주당에서 흔히 '강경파'라고 불리우는 의원들이 모여 있다.

'검수완박' 주도한 강경파 처럼회

대선이 민주당의 패배로 끝난 직후 이들이 검수완박의 목소리를 낼 때만 해도, '설마하니 당론까지 가겠는가'라는 반응이 많았다.

이미 대선 이전에도 처럼회 의원들은 검수완박을 주장했지만, 민주당 차원에서도 여러 부담을 의식하여 장기 과제로 남겨놓았기 때문이다. 대선까지 패한 마당에 오히려 더 강경한 길을 가리라고는 상상하지 못했다. 그런데 처럼회가 제기했던 검수완박이 순식간에 민주당의 당론이 되는 장면이 벌어진 것이다. 민주당은 처럼회라는 호랑이 등에 올라타서 내려오지도 못하고 끝까지 달려야 하는 상황이 되었다.

그 과정에서도 처럼회 소속 의원들의 거침없는 언행은 논란거리가 되곤 했다. 황운하 의원은 동료 의원들에게 편지를 보냈는데, 검수완박을 하면 검찰이 가진 6대 범죄 수사권이 '그냥 증발하는 것'이라고 하여 속내를 드러냈다는 비판이 잇따랐다. '최악의 꼼수'라는 비판을 초래한 '위장 탈당'의 주인공 민형배 의원도 처럼회 소속이었다.

처럼회 소속 의원들의 비타협적인 강경 노선은 대선 패배에도 불구하고 오히려 더욱 강화되는 모습을 보였다. 대선 직후 민주당 의원 11명이 윤석열 당선인의 이른바 '본부장(본인·부인·장모)' 비리 의혹을 겨냥한 '윤석열 특검법'을 발의했는데, 이 때에도 처럼회 의원들이 중심이었다. 곧 이어 4월에 민주당 소속 의원 20명이 김건희 여사를 겨냥한 '수사 관련 고위공직자의 공소시효 정지법'을 발의했을 때도 처럼회 의원들이 주축이었다. 대선 이후 처럼회 소속 의원들의 이런 행보를 보노라면 사실상 대선 결과를 인정하지 않는 것으로 비쳐진다.

정치에야 언제든 강경파와 온건파가 있기 마련이니, 민주당 내에 강경파 정치인들이 존재하는 것 자체가 문제일 수는 없다. 정작 문제는 10명가량의 강경파 초선 의원들에 이끌려가는 거대 야당 민주당의 모습이다. 김대중 전 대통령은 생전에 "국민의 손을 놓지 말고 반발짝만 앞서 나가라"고 말하곤 했다. 그러나 민주당의 강경파 정치인들은 언제나 저만치 멀리 가 있어서 국민이 공감하며 함께 가기 어렵다.

증오의 정념만 넘치고 정치는 실종

그들은 정치란 증오라고 배운 모양이다. 검수완박 주장도 검찰에 대한 증오가 다른 모든 판단을 압도하고 있음을 보여준다. 언제나 정념은 차고 넘치지만, 책임질 줄 아는 합리적 이성은 찾아보기 어렵다. "앞으로 있을 모든 전투에서 이겨야 전쟁의 승리를 만들어낼 수 있다." 검수완박 입법 안건조정위 의결 강행을 위해 '위장 탈당'을 해서 물의를 빚은 민형배 의원이 2020년 윤석열 검찰 총장에 대한 탄핵 주장을 하면서 했던 말이다. 정치를 전쟁으로 생각하니 '검수완박 20일 작전' 같은 발상이 가능했던 것이다. 정치가 전쟁이 되었을 때, 가장 고통받는 것은 결국 국민임을 우리는 익히 알고 있다.

검수완박 반대 입장을 밝혔던 무소속 양향자 의원은 "지금 상황은 '처럼회'가 곧 민주당"이라고 말했다. 그런데 지난 2월, 무소속 양향자 위원은 국회 최고의 반도체 전문가임에도 '반도체특위'로 불리는 국회 첨단전략산업특별위원회에서 탈락했다. 반면 반도체에 대해 무엇을 아는지 알 수조차 없는 무소속 민형배 의원이 비교섭단체 소속 위원 몫으로 들어갔다. 한 사람은 검수완박에 반대하는 소신을 지켰고, 다른 한 사람은 검수완박을 위해 위장 탈당까지 했었다.

지금 민주당의 적은 국민의힘이 아니다. 전통적 지지층까지도 등 돌리게 만들곤 하는 증오의 정치에 대한 자정능력을 보여주지 못한다면, 민주당은 외부가 아닌 내부로부터 무너지게 될지 모른다. 어느 정치세력을 막론하고, 강경파의 득세가 몰락의 전조가 되곤 했던 정치사의 교훈을 민주당은 잊지 말아야 한다. 그 많던 민주당의 정치인들은 다 어디 가고 처럼회만 보이느냐는 질문에 답해줘야 할 민주당 정치인들은 무척 많다. 정치를 '처럼회' 처럼 하면 정치는 실종되고 만다.

'김어준의 뉴스공장'이 남긴 것

참으로 오랜 시간을 끌어온 '김어준 논란'이었다. 정권교체에도 불구하고 아랑곳하지 않고 민주당을 위한 편파 방송을 해오던 김어준은 2022년 말이 되어서야 TBS '김어준의 뉴스공장'에서 하차했다. 그의 팬덤들은 오세훈 서울시장과 국민의힘에 의한 방송탄압이라고 주장했지만, 시민의 세금으로 운영되는 방송에서 그런 프로그램이 그토록 장수할 수 있었던 것이야말로 엽기적인 일이었다.

시민의 세금으로 민주당 방송을 한 비상식

문재인 정부 시절 내내 편파 방송 논란의 중심에 섰던 김어준씨의 방송이었다. 대체 '김어준'이라는 인물의 존재가 무엇이었길래 그 숱한 비판과 반발 속에서도 그토록 오랫동안 건재할 수 있었던 것일까.

그가 TBS 라디오에서 진행했던 '김어준의 뉴스공장'은 끊임없이 편파 방송 논란을 불러일으켰고 반복해서 제재를 받아왔다. 자기 개인의 유튜브 방송이었다면 어떤 내용을 하든 전적으로 본인의 자유이다. 하지만 서울시민들의 세금으로 운영되는 공영방송에서 특정 정파의 스피커 역할을 계속해 온 것은 부당한 일이었음에 틀림없다. 김어준 방송의 청취율이 높았다는 사실이 그러한 행위를 정당화시킬 수는 없는 일이었다.

김씨는 2021년 서울시장 보궐선거 때는 '생태탕 선거', 2022년 대선 때는 '쥴리 선거' 만들기에 앞장섰던 네거티브의 선봉장이었다. 그는 온갖 음모론을 유포하면서 자기가 지지하는 민주당과 그 후보들의 승리를 도모해왔다. 2012년 대선 부정 개표에서 세월호 고의 침몰설에 이르기까지 각종 음모론을 주장하고 영화까지 만들어가며 확산시킨 이력을 갖고 있기도 하다. 물론 그가 제기한 음모론의 대부분은 사실이 아닌 것으로 판명되곤 했다. 그러나 그는 사과 한마디 없이 좌고우면하지 않고 음모론의 행진을 이어갔다.

세상이 다 알고 있는 더불어민주당 지지자인 김씨가 서울시민들의 세금으로 운영되는 방송에서 시사방송을 진행하는 것 자체가 애당초 잘못이었다. 서울시민들 가운데는 물론 민주당을 지지하는 사람들도 많지만, 민주당을 지지하지 않는 시민들이 더 많다. 그런 시민들의 입장에서 생각하면 자신이 낸 세금으로 특정 정당의 편에 서는 방송을 하는 상황은 납득하기 어려운 것이었다. 그래서 문재인 정부 시절부터 당시의 야당은 물론이고 많은 시민들이 김어준씨의 방송 하차를 요구해왔지만 TBS와 김어준씨는 눈 하나 깜짝하지 않았다. 자신들이야 정치적 신념에 따라 그런 방송을 한다지만, 정치적 견해가 다른 많은 시민들이 아침마다 그의 방송을 강요받는 것은 상식과는 거리가 먼 일이었다.

김어준의 뒷배는
민주당과 팬덤들

그런 상식 밖의 상황이 가능했던 것은 김어준씨의 '뒷배'가 있었기 때문이었다. 그것은 팬덤정치와 민주당이었다. 진영의 팬덤들은 매일같이 김어준 방송에 환호하며 그가 쏟아내는 말들을 통해 정치를 이해하곤 했다. 이는 우리 정치가 갈수록 극단주의화

되었던 일련의 상황과 맞물려 있다. 그리고 민주당은 김어준씨의 방송을 즐기며 사실상 '김어준-민주당' 연대를 구축했다. 민주당의 정치인들은 김씨의 섭외가 있으면 달려가 온갖 선정적인 발언들을 쏟아내며 팬덤들의 지지를 얻는 경쟁을 벌이기도 했으니 그 책임에서 자유로울 수가 없다.

김어준 방송은 지난해 3월 정권교체가 이루어졌음에도 불구하고 여전히 건재한 모습을 보여왔다. 그동안 방송심의위원회로부터 각종 제재를 수없이 받아온 방송이었지만, 언제나 그를 감싸온 TBS의 태도로 인해 그는 누구보다 장수하는 방송 진행자가 될 수 있었다. 대선이 끝난 이후에도 '김어준의 뉴스공장'에는 민주당의 여러 정치인들이 단골 출연하며 '김건희 강아지'와 '김건희 장신구' 얘기를 했고 '빈곤 포르노' 얘기를 했다. 우상호 의원은 "(김건희 여사가) 대한민국의 영부인, 퍼스트레이디인데 미국 대통령의 팔짱을 낀 모습은 조금 보기 불편하더라"며 "팔짱을 왜 끼나"라고 힐난하기도 했다. 이경 민주당 부대변인은 "솔직히 김 여사가 '여사'인지 '대통령'인지 모르겠다"고 말하기도 했다. 모두가 최근까지 계속된 일들이다. 이태원 참사와 관련해서는 '과거 이태원 참사 현장에선 핼러윈 축제가 열리면 일방통행을 하도록 경찰이 통제했다'는 사실과 다른 발언을 해서 방송심의위원회의 제재가 진행되기도 했다.

통제받지 않은 편향된 방송 권력

지난해 유튜브 채널인 '더탐사' 소속 사람들이 5명씩이나 무리지어 한동훈 법무부 장관의 집에 찾아가 도어락까지 해제하려 했던 사건이 있었다. 여론의 비판을 받았던 이 행위에 대해서조차 김어준씨는 옹호하는 궤변을 서슴지 않았다. 방송에서 그가 했던 말은 "집에 들어간 건 아니지 않나, 집 앞에 왔다는 거 아니냐. 가겠다고 사전 예고도 했고"라는 것이었다. 그리고는 "만약 상대가 힘없는 개인이라고 하면 비판받을 여지가 있는데, 그 대상이 한동훈 장관이라는 권력자라면 취재의 일환으로 용인되어야 한다고 생각한다"라는 주장을 폈다. 기본적인 상식과 균형에서 벗어난 그의 모습이 최근까지도 계속되었음을 보여주는 상징적인 사례였다.

결국 서울시는 TBS에 대한 예산 지원을 중단하는 조례를 지난해에 공포했다. 이 조례는 서울시의회 국민의힘 소속 시의원 76명 전원이 공동 발의하여 시의회 본회의를 통과했던 것이다. 이에 따라 2024년부터 TBS에 대한 서울시 예산 지원은 끊기게 된다. 서울시의회는 이 조례가 TBS로 하여금 민간 주도 언론으로서 독립 경영을 할 수 있도록 하기 위해서라고 설명했지만, 그동안의 편파 방송에 대한 응징의 성격임은 충분히 알 수 있다. 대선

이 끝난 이후라도 TBS가 시민들의 여론을 받아들여 자정의 노력을 기울일 기회는 충분히 있었다. 김씨도 스스로 물러나 TBS 문제 해결의 물꼬를 틀 기회가 있었다. 그러나 모두 귀를 막은 채 들으려 하지 않았다. 자정의 능력을 보이지 않으니 결국 그런 극단적인 대응을 자초하게 된 셈이다.

김어준 방송이 막 내린 것은 탄압 아닌 정상화

강준만 교수는 지난해 〈신동아〉 10월호에 기고한 '나는 김어준 옹호자들이 역겹다'라는 글에서 이렇게 말한다.

"내가 드리고 싶은 말씀은 우리가 아무리 편을 갈라 진영 전쟁을 벌인다 해도 지켜야 할 최소한의 선은 있는 법이며, 이를 검증하기 위해선 역지사지易地思之를 한번 해보자는 것이다. 당신이 진보라면 '보수의 김어준'을 옹호하거나 용인할 수 있는지 말이다. 물론 '진보의 김어준'이 진보를 망쳤듯이, '보수의 김어준'도 보수를 망치겠지만, 우리가 서로 망하자고 정치를 하고 정치에 참여하고 정치에 관심을 갖는 건 아니잖은가."

김어준 방송의 문제는 근본적으로 정치의 문제다. 모든 합리적 비판들을 외면하면서 그의 방송이 건재할 수 있었던 데는 우리 정치를 비정상적인 방향으로 끌고 간 팬덤정치, 그리고 그 등에 업힌 민주당의 떳떳하지 못한 정치행태가 있었다. 김어준 방송은 멀쩡했던 TBS를 결국 고사의 위기로 몰아넣게 되었고, 그러고 나서야 더 이상 어쩔 도리가 없게 되자 그제서야 TBS 방송에서 하차했다.

시민들의 세금으로 운영되는 방송에서 김어준 방송이 문을 닫게 된 것은 '탄압'이 아니라 '정상화'다. 어느 정권을 막론하고, 보수와 진보를 불문하고 이런 비상식적인 일이 되풀이되어서는 안 될 일이다.

'팬덤 스피커'들의 귀환

"조문록을 쓸 때 통상 오른쪽 면에다가 정상들이 쓴다. 남의 페이지 뒷장에 쓰는 게 아니다. 사진을 가만히 보시면 윤석열 대통령만 왼쪽 페이지에 조문록을 쓰고 있다." 탁현민 전 청와대 의전비서관이 지난해 9월 방송에 출연해서 했던 말이다.

문재인의 사람, 탁현민의 재등판

"작은 디테일 하나하나가 준비가 안 돼있다는 것을 방증하는 거라고 본다"고도 지적했고, "의전을 담당하는 사람들이 보면 정말 얼굴이 뜨거운 일"이라고도 탓했다. 그런데 얼굴이 뜨거워진 것은 윤 대통령이 아니라 탁 전 비서관이 되어버렸다. 그의 훈계와는 달리, 각국 정상들이 왼쪽 페이지에 조문록을 쓴 모습들을 사진에서 쉽게 찾아볼 수 있었기 때문이다. '윤석열 대통령만 왼쪽 페이지에 조문록을 쓰고 있다'는 그의 말은 거짓말이었던 것이다.

탁 전 비서관은 근래 들어 여러 방송에 출연하면서 윤석열 정부를 겨냥한 날선 비판들을 이어가고 있다. 최근 윤 대통령 부부의 영국 조문 논란이 있었을 때는 "육개장 먹고 발인 보고 왔다는 것"이라며 조문은 하지 못했다고 야유하기도 했다. 그러나 콜린 크룩스 주한 영국대사는 "장례식이 핵심"이라며 "새 국왕을 만났고 국장에 참석한 것이 조문"이라고 말했다. "윤석열 대통령과 영부인이 직접 참석해 주셔서 크게 감동했다"고도 했다. 영국 측은 '감동했다'는 일을 두고 탁 전 비서관 등은 육개장만 먹고 온 것으로 비하한다.

정치비평 다시 나선 유시민

정치비평을 그만두겠다고 선언했던 유시민 전 노무현재단 이사장도 다시 정치 발언에 나서고 있다. 그는 2020년 "검찰이 노무현재단 계좌를 들여다봤다"는 주장을 했다가 사실이 아닌 것으로 판명나자 "정치 현안에 대한 비평은 앞으로도 일절 하지 않겠다"고 선언한 바 있다. 그러나 대선을 거치면서 슬그머니 정치적 발언을 하기 시작하더니 최근 들어서는 아예 목소리를 높이고 있다. 유 전 이사장은 윤 대통령 취임 100일을 맞아 TBS 라디오에 출연하여 "대통령이라는 자리와 윤석열이라는 인간의 잘못된 만남, 도덕적으로 잘못됐다는 뜻이 아니라 미스매치"라고 힐난했다. 그러면서 윤 대통령을 가리켜 "도자기 박물관에 들어온 코끼리"라고 비하하기도 했다. 어떤 정치적 견해를 밝히든 시민으로서의 자유이지만, 공인의 위치에서 정치비평을 그만두겠다고 한 말의 책임은 고려하지 않는 모습이다.

음모론의 대가 김어준씨는 정권이 바뀌었어도 굳건하게 자리를 지켜왔으니 굳이 돌아올 필요도 없다. 그는 여전히 서울시민들의 세금으로 운영되는 TBS 채널을 통해 팬덤들을 위한 방송을 계속하고 있다. '김어준의 뉴스공장'에서 이번에는 "김건희 여사가 착용한 망사포 달린 모자는 영국 장례식에서의 전통"이라며 "그 전통은 로얄 패밀리 장례식에서 로얄 패밀리의 여성들만 쓰는 것"이라고 단언했다. 그러면서 "모르고 하셨나 봐. 적어도 영국에서는 그렇다. 모르시는 것 같아서 알려드렸다"고 조롱했다. 온라인의 각종 커뮤니티에서 김 여사의 '검은 베일' 달린 모자에 대한 비난의 글들이 올라온 것은 그 직후부터였다. 이번에도 김어준씨의 주장은 사실이 아닌 것으로 판명 났지만, 사과하고 책임을 졌다는 얘기는 들여오지 않는다. 그의 팬덤들에게서 김어준의 잘못을 탓하는 목소리도 들려오지 않음은 불변의 광경이다.

얼마 전 '김건희 여사 논문 표절 의혹 검증을 위한 범학계 국민검증단'이 김 여사의 학위 논문에 대해 "상식 밖의 논문으로, 대필이 의심된다"는 취지의 발표를 했다. 그런데 검증단을 주도한 우희종 교수 등은 지난 조국 사태 당시부터 '윤석열 검찰'에 대한 적의를 드러내고 윤석열 정부의 태동 자체에 강력히 반대해왔던 인사들이다. 김 여사의 논문에 대한 국민대의 판단이 엄격하게 이루어진 것인가에 질문은 던질 수 있지만, 그렇다고 '조국 수호'를 외쳤고 진즉부터 윤석열 정부에 대한 적대감을 갖고 있는 교수들이 객관적으로 공정하게 판단했을 것이라는 믿음을 갖기도 어렵다.

증오와 저주 부추기는 진영의 스피커들

'조국의 강'도, '친문의 강'도 건넌 것인줄 알았더니 건넌 것이 아니었다. 지난 정권이 낳은 과오들에 결코 작지 않은 책임이 있었던 진영의 스피커들이 잇따라 귀환하는 모습이다. 물론 이런 상황이 된 데는 정권교체가 더 나은 선택이었다는 것을 국민에게 보여주지 못한 윤석열 정부의 책임도 작지 않다. 윤석열 정부가 제대로 못했기에, 과거 진영정치를 주도했던 스피커들이 주저하지 않고 부활하는 상황이 전개되고 있는 것이다.

그러나 그렇다고 해서 철 지난 스피커들의 귀환을 당연하게 바라볼 일은 아니다. 정권에 대한 비판과 견제의 목소리는 언제든 필요하다. 그러나 그런 비판을 과거 진영논리에 갇혀 마타도어와 선동을 일삼았던 인물들이 주도한다면 그 또한 퇴행적 현상이 아닐 수 없다. 당사자들이 발언하겠다면 그것을 막을 방법이야 있겠는가. 다만 비판은 하되 사실에 근거해서 하기를 바랄 뿐이다. 그리고 가능한 일인지는 모르겠지만, 증오와 저주가 아닌 합리와 이성의 언어를 사용해준다면 더할 나위가 없겠다. 스피커들의 물갈이도 필요하다.

3

진영정치와 선악의 이분법

"진리를 위해서 죽을 수 있는 자를 경계하여라."

움베르토 에코 『장미의 이름』

후쿠시마 원전 오염수 방류, 과학에 우선하는 진영논리

"시찰단부터 한번 먹어보고 그 전에 대통령 내외부터 먹어보시라."(더불어민주당 안민석 의원), "민주당은 아직도 광우병 괴담 향수를 잊지 못한 것인가."(국민의힘 강민국 수석대변인)

과학적 판단은 뒷전, 정치적 예단만

일본의 후쿠시마 제1 원자력발전소 오염수 해양 방류 계획을 놓고 여야의 날 선 대치가 격화하고 있다. 2011년 후쿠시마 원전에서 일어난 폭발 사고 이후 녹아버린 원자로 노심을 냉각시키기 위해 사용된 약 130만 톤의 물이 현재 탱크에 보관되어 있다. 그런데 일본 정부가 7월부터 30년간에 걸쳐 오염수를 희석해 방류할 계획임을 밝혔다. 방사성 물질을 걸러내는 다핵종제거설비ALPS로 정화 처리한 물이라고는 하지만 그로 인한 위험성에 대한 정치적·과학적 논쟁이 뜨겁다.

물론 원전 오염수 방류의 위험성 여부에 대한 판단은 일차적으로 과학의 영역이다. 그런데 학자나 전문가들의 견해부터 엇갈린다. 정화 처리를 해도 걸러지지 않는 삼중수소와 세슘 등으로 인해 혈액암을 비롯한 중대한 질병을 초래할 위험이 있다는 경고를 하는 학자들이 있다. 그러나 남아있는 삼중수소라고 해봐야 그 양이 극히 미미하기 때문에 제대로 처리만 하면 인체에 영향을 줄 수 없다는 견해들이 맞서고 있다. 실제로 2011년의 원전 사고 직후 방사성 물질이 걸러지지 않은 오염수가 그대로 해양으로 방류되어 우려를 낳았지만, 태평양과 한반도 주변 해역에서 해양 오염이 심각해졌다는 측정 결과가 나온 것은 없었다.

그래도 야당인 민주당은 일본의 오염수 방류 계획을 방관하고 있는 윤석열 정부를 향한 총공세에 들어갔다. 민주당은 지난 5월 26일 서울 광화문광장에서 '후쿠시마 원전 오염수 해양투기 저지 범국민 서명운동 발대식'을 열었다. 서명운동에 돌입한 민주당은 이어 부산에서 장외집회를 여는 등 주요 권역을 순회하며 장외 발대식을 가졌다.

'광우병 정국' 떠올리는 '오염수 정국'

민주당의 대정부 비판은 과거 광우병 정국을 떠올릴 정도로 날이 서있다. "국민 불안은 일본 정부와 짝짜꿍이 돼 모든 것을 일본 뜻대로 맞춰주는 윤석열 정부가 키우고 있는 것 아니냐"는 것이 민주당의 시각이다. 민주당은 오염수 방류에 대한 국민의 불안과 우려가 심각한 것으로 판단하고 이 문제에 당력을 집중하는 모습이다. 국민 건강과 직결된 이 사안에 대해서는 아무리 강력하게 대처해도 지나칠 것이 없다는 판단을 하고 총력 투쟁에 나선 것으로 보인다.

그동안 민주당을 수세로 몰아넣었던 '전당대회 돈봉투' 사건, '김남국 코인' 논란에서 탈출할 수 있는 기회라는 전략적 판단도 있을 법하다. 하지만 윤석열 정부와 국민의힘의 입장은 정반대다. 민주당에서 윤 대통령 부부가 직접 오염수를 마셔보라는 말까지 나오자 국민의힘은 "악플러인지 국회의원인지 분간할 수 없을 정도의 저급한 막말들"(이철규 사무총장)이라고 맞비판한다. 특히 국민의힘은 "민주당은 장외집회까지 열어 비과학적 괴담을 유포하며 혹세무민하고 있다"(권성동 의원)며 이명박 정부 시절의 '광우병 괴담'과 똑같은 거짓 선동임을 부각시키는 모습이다.

국민 불안 해소의 일차적 책임, 정부에게 있다

원전 오염수에 대한 논란이 극과 극을 달리니 지켜보는 국민으로서는 누구의 주장이 맞는지 분간하기 어렵다. 위험성 여부에 대한 과학적인 조사와 판단의 과정을 건너뛴 채 정치적 주장만 앞서가는 형국이 되었기 때문이다. 윤석열 정부를 반대하는 진영에서는 오염수 방류는 인체에 위험하다고 주장하고, 윤석열 정부를 지지하는 진영에서는 인체에 아무런 문제가 없다고 주장하는 양극단의 주장만 부각되고 있다. 과학적으로 분석되고 판단되어야 할 사안이 정치적 진영논리에 따른 예단에 의해 좌우되는 상황으로 전개되는 것이다. 광우병을 둘러싼 논쟁이 있은 지 15년이 넘는 시간이 지났지만 그때로부터 한 발짝도 앞으로 나가지 못한 우리 정치사회의 현실을 보여준다.

2008년 광우병 촛불집회가 있었을 때 '뇌 송송 구멍 탁' '미친 소 너나 먹어' 등의 구호가 광화문광장을 뒤덮었다. "주저앉는 소는 모두 광우병에 걸린 소다", "한국인의 94%가 광우병 걸릴 위험이 있다"등 사실과 다른 보도가 공영방송을 통해 나왔다. 이를 믿은 시민과 학생들은 광화문에 모여 '미국산 소고기 수입 반대'를 외치며 촛불을 들었다. 그러나 지금 한국은 미국산 소고기 수입 세계 1위 국가가 되었다. 세계적으로 광우병이 사실상 소멸

되면서 광우병에 대한 공포가 사라진 데 따른 결과다. 이제는 마트에 가도 식당에 가도 미국산 소고기를 아무렇지도 않게 사거나 먹곤 한다.

하지만 당시 미국산 소고기를 먹으면 당장 광우병에 걸릴 것처럼 말했던 사람들 가운데서 자신의 주장이 틀렸음을 인정한 사람은 찾아볼 수 없었다. 그때를 기억한다면 구체적인 근거 없이 정치적 목적을 위해 공포심만 조장하는 '괴담'들에 대한 경계심은 분명 필요하다. 그래서 오염수 방류의 위험성에 대한 구체적인 근거는 제시하지 못하면서 국민의 공포심을 자극하는 민주당식 대응에는 문제가 있어 보인다. 민주당의 과도한 정치적 대응은 팩트가 아니라 감정으로 국민 여론을 움직이려 한다는 시선을 피하기 어렵다.

하지만 국민의 불안을 해소해야 할 일차적인 책임은 분명 정부에 있다. 정부와 여당은 야당을 상대하기 이전에 국민을 상대로 오염수 방류에 대한 정부의 책임 있는 입장을 설명할 수 있어야 한다. 그런데 정부는 후쿠시마 오염수 방류 현장 시찰단 명단조차도 처음엔 단장을 제외하고는 공개하지 않았다. 이명박 정부 때의 광우병 파동도 국민 건강과 직결된 사안임에도 미국과의 협상을 투명하게 공개하지 않은 데 따른 국민 감정의 악화가 큰 영향을 주었다. 이번에도 정부가 국민에게 모든 정보를 투명하게 공개하지 않은 상태에서 일본의 방류가 시작된다면 국민을 납득시키기 어려울 것이다.

국민 건강 사안 갖고도 진영 대결만 반복

일본이 오염수 방류를 시작하고 나면 후쿠시마 수산물 수입 재개도 우리 정부에 요구할 가능성이 크다. 실제로 노무라 데쓰로 일본 농림수산상은 얼마 전 우리 정부 시찰단의 활동을 거론하며 "수입제한 해제도 부탁한다"고 말하기도 했다. 일본과 외교채널로 논의되거나 수산물 수입 재개 요청을 받은 적이 없다는 것이 우리 정부의 입장이지만, 정부가 과연 수입 재개에 대해 단호한 입장을 견지할 수 있을 것인지에 대한 우려는 남는다. 야당의 공포 조장 방식도 낡은 것임은 분명하지만, 정부는 불안해하는 국민에게 '우리 편'이라는 믿음을 줄 수 있어야 한다.

일본 원전 오염수 방류의 위험성에 대한 판단과 대책 마련은 국민 건강, 나아가 국익과 관련된 사안이다. 그렇다면 여야가 머리를 맞대고 숙의해야 할 일이다. 이런 사안마저도 진영에 따라 입장이 갈려 정치 대결로만 치닫는 모습은 구태의연하다. 원전 오염수 방류의 위험 여부에 대한 판단도 진영에 따라 이렇게 갈라져야 하는 일인가.

이태원과 세월호,
두 참사는 같은가 다른가

"우리 지한이, 억울하게 죽은 우리 아들… 진실을 밝혀주십시오. 부탁드립니다. 부탁드립니다. 이렇게 사정합니다. 제발 부탁드립니다. 이건 공정과 상식이 아닙니다."

지난해 12월 1일 이태원 참사 유가족들이 국회를 방문해 국정조사특별위원장 등과 면담하던 도중에 고 이지한씨 아버지 이종철씨가 무릎을 꿇고 울부짖으며 했던 말이다. 여러 언론에는 아들을 잃은 아버지의 간절한 모습이 사진과 함께 보도되었다.

정부 책임 강조하는 유가족들

고 이지한씨의 어머니 조미은씨도 이태원 참사 희생자 유가족과 민주사회를 위한 변호사모임, 참여연대 관계자들이 '이태원사고 특별수사본부' 앞에서 가진 기자회견에서 이런 내용의 입장문을 낭독했다.

"내 자식이 어디에 있는지, 어떻게 죽었는지 정부는 부모에게 설명할 의무가 있지 않습니까. 우리는 모릅니다. 아이들이 정확히 어디서 죽었는지, 몇 시에 죽었는지, 죽어서 어디로 이동했는지 우리는 전혀 몰랐습니다. 팔다리가 축 늘어진 자식을 눈앞에 두고도 손 한 번 잡아줄 수가 없었습니다. 이것이 정부가 저지른 패륜이 아니고 무엇입니까."

자식을 먼저 보낸 부모의 고통이 얼마나 깊은지 타인들은 헤아릴 수가 없다. 더구나 경찰이 압사 위험을 알리는 112 신고 전화들에 신속하게 대응만 했더라면 막을 수도 있는 참사였다. 그러니 얼마나 안타깝고 원망스럽겠는가. 유가족들이 어떤 논리적 적합성을 따지기 이전에 그런 절규와 호소의 외침을 꺼내는 것은 어쩌면 당연한 일인지도 모른다.

그런데 자식의 죽음은 가족의 죽음이지만 이런 집단적 참사의 경우는 사회적 죽음이 되기도 한다. 유가족들이 정부를 향해 분노도 하고 호소도 하는 광경도 이미 자식들의 죽음이 사회적 죽음이라고 생각했기 때문일 것이다. 슬픔은 우선은 가족들의 것이겠지만, 이런 죽음들을 어떻게 생각해야 할 것인가에 대한 사회적 논의와 판단은 불가피해 보인다.

이미 참사 직후부터 더불어민주당에서는 '제2의 세월호'라는 얘기가 나왔다. 정청래 최고위원은 자신의 SNS에 "이태원 참사는 제2의 세월호 참사"라면서 "억울한 죽음이 헛되지 않도록 진실규명을 하고 책임자 처벌을 위해 최선을 다해 싸우겠다"고 썼다. 민주당은 "정부의 무책임으로 젊은이들이 대거 희생된 참사에 대해 윤석열 대통령은 책임자 문책이나 대국민 사과에 입을 다물고 있다"면서 "세월호 참사 때 박근혜 전 대통령의 늦은 사과와 무엇이 다른가"라고 질타했다. 이재명 대표는 "어떻게 이름도, 얼굴도 없는 곳에 온 국민이 분향하고 애도하는가"라며 희생자 명단 공개의 필요성을 말하기도 했다. 급기야 〈민들레〉라는 신생 인터넷 매체가 유가족의 동의도 없이 희생자 155명의 명단을 공개하는 사태가 빚어졌다. 그리고 천주교 정의구현사제단은 희생자 추모 미사에서 이 명단을 하나하나 호명하는 광경이 있었다.

이태원 참사는 '제2의 세월호'라는 주장

이태원 참사를 '제2의 세월호'로 규정하려는 일각의 흐름은 뚜렷해 보인다. 진즉부터 주말마다 촛불집회를 열며 '윤석열 퇴진-김건희 특검' 요구를 해오던 '촛불행동'이라는 단체는 이태원 참사 이후 집회의 규모를 확대하며 정권퇴진운동을 본격적으로 벌이고 있다. 이들의 집회에 참석한 민주당 의원들도 정권퇴진의 한 목소리를 내고 있다. 지난해 11월 19일에 열린 '김건희 특검-윤석열 퇴진 촛불대행진' 집회에는 민주당의 안민석 강민정 김용민 유정주 양이원원영 황운하 의원이 참석했고, 민주당을 위장탈당했던 무소속 민형배 의원도 함께 했다. 이날 안민석 의원은 이태원 참사를 거론하며 "윤석열 대통령은 국민에게 공식 사과하고, 한덕수 국무총리와 이상민 장관을 즉각 파면하라"고 요구했다. 민주당 소속이었던 민형배 의원도 "10·29 참사의 진짜 주범인 윤석열은 책임지라"고 외쳤다. 이미 야당 쪽의 '10·29 참사 진상규명과 책임자 처벌을 요구하는 의원 모임' 21명은 "이태원 참사 국정조사와 특검을 수용하지 않고, 국정을 전면 쇄신하지 않으면 정권퇴진 운동을 시작하겠다"고 밝힌 바 있다.

실제로 이태원 참사는 세월호 참사와 같은 성격의 것일까. 무엇이 닮은 것이고, 무엇이 다른 것일까. 무엇보다 국가가 참사를 막는데 제대로 대처하지 못하여 국민의 안전과 생명을 지키지 못했다는 점은 두 참사가 갖는 공통점이다. 핼러윈 행사에 참여하려는 인파가 이태원에 몰릴 것을 알면서도 누구 하나 사고 예방을 위한 경각심을 보여주지 못했다. 여기에는 경찰을 비롯한 정부 당국, 지자체의 책임이 우선일 것이고, 헬러윈 데이 띄우기엔 급급했던 언론들도 책임을 면하기 어렵다. 특히 참사 이전에 경찰에 잇따라 걸려온 112 신고 전화들에 제대로 대응하지 못하여 압사 사태를 막지 못했던 것은 뼈아픈 일이다. 국가가 국민을 제대로 지켜주지 못했다는 점에서는 이태원 참사가 세월호 참사와 많이 닮은 것이 사실이다.

그러나 두 참사 사이에는 그러한 공통점 이상의 많은 차이점들이 있다. 당시 이태원 참사에도 불구하고 윤 대통령과 국민의힘 지지율이 급락하지 않은 데는 세월호 때와는 참사의 책임을 다르게 받아들이고 있는 민심의 추이가 반영된 것으로 해석된다. 세월호 참사는 학교라는 공공기관의 수학여행 도중에 발생했지만, 이태원 참사는 주최자가 없이 시민들의 자발적인 참여 과정에서 발생한 일이었다. 그래서 세월호 때는 국민들이 정부 당국의 구조 실패 과정을 TV 생중계로 지켜보고 있었기에 곧바로 정권 차원의 책임론이 비등하게 되었다. 하지만 이태원 참사에 대한 책임은 정부만의 것으로 규정하기에는 복잡하게 분산되는 성격이 있는지라 정권책임론의 강도는 비교적 약하게 나타난 것으로 보인다. 참사의 책임 소재가 분산되어 받아들여지는 여론의 흐름이 만들어졌기에 야당이 제기하는 정권책임론이 커다란 위력을 발휘하지는 못한 것으로 파악된다.

이태원 참사와 세월호 참사의 차이

이태원 참사에 대한 대응 과정에서 대통령실이 비교적 신속한 모습을 보인 것도 세월호 참사 때와는 달랐다. 세월호 참사 때 박근혜 대통령은 늦장 대처로 인해 임기 내내 '세월호 7시간' 논란에 갇혔다. 반면에 이번에는 대통령실이 참사 발생 직후부터 윤 대통령의 지시사항과 조치들을 실시간으로 공개하면서 참사 대응에 신속하게 나선 모습을 보여주었다. 또한 정부가 국가 애도 기간을 선포하고 대통령이 민방위복을 입고 참사 대응을 진두지휘하는 모습을 보이는가 하면, 희생자 빈소도 매일 같이 방문하는 모습을 보였다. 이러한 모습이 세월호 참사 때의 박근혜 정부와는 다른 모습으로 비쳐졌고 여론조사에도 일정하게 반영된 것으로 보인다.

그래서 야당의 정치공세도 '재난의 정치화'라는 프레임 앞에서 여론에 큰 영향을 주지 못한 것으로 보인다. 이미 세월호 참사 이후의 오랜 과정의 경험을 통해 재난을 정치적으로 이용하는 모습에 대한 부정적인 인식도 국민들 사이에 많이 확산되어 있는 환경이다. 참사가 발생하자마자 "축제를 즐기려는 국민을 지켜주지 못한 윤 대통령은 이 모든 책임을 지고 물러나라"고 했던 남영희 민주연구원 부원장의 페이스북 글에 비판이 쏟아졌던 일이 있었다. 그런 광경도 재난 사태를 정치적으로 이용하는 데에 대한 피로감과 부정적 여론이 많아졌음을 보여주는 사례였다. 정치권의 책임 공방과는 상관없이 이미 여론은 이태원과 세월호의 차이를 어느 정도 인식하고 있는 것으로 판단된다.

그렇다고 해도 정부는 국민의 안전과 생명을 제대로 지키기 못한 데 대한 무거운 책임을 통감해야 한다. 하지만 정부가 책임져야 한다는 말이 참극의 슬픔을 정치적 무한대결의 장으로 끌고 가는 데 대한 동의는 아니다. 온 국민이 한마음으로 애도했던 세월호 참사였지만, 점차 시간이 지나면서 공동체의 분열과 반목을 낳았던 역사가 되풀이되어서는 안 될 일이다.

돌아보면 세월호 참사의 진상 규명 문제는 '외부충돌설' 같은 음모론적 주장들이 등장하면서 소모적인 논란의 과정을 마냥 되풀이했다. 9차례에 걸친 조사와 수사가 있었지만, 음모론적 주장들을 뒷받침하는 사실이 확인된 것은 아무것도 없었다. 관성적으로 반복되는 진상 규명 요구에 '사회적 참사 특별조사위원회'(사참위)가 활동했지만, 침몰 원인에 대해서는 "알 수 없다"는 것이 결론이었다. 그런 결론을 얻기 위해 사참위가 활동한 기간은 45개월이었고, 사용한 예산은 547억 7,100억 원이었다. 그 엄청난 시간과 비용과 노력을 재난 방지를 위한 실적적 대안 마련에 사용했다면 그 의미는 달랐을 것이다. 진상 규명 요구에만 갇혀 제자리 걸음만 할 것이 아니라 사회적 재난을 막고 안전을 지키기 위한 시스템을 갖추고, 다시 만연된 안전불감증을 막는 노력이 필요했다. 그러나 진상 규명 요구에만 매달린 결과는 국민을 갈라놓았을 뿐, 정작 필요한 본질적 문제에 대한 관심을 차단시켰다.

윤석열 정부의 미진한 대응도 논란 확대

그러나 윤석열 정부의 미진한 대응 또한 재난의 정치화를 격화시키는 결과를 낳았음은 매우 역설적인 사실이다. 특히 이상민 행안부 장관에 대해 관용적이었던 윤 대통령의 모습은 재난의 정치화를 격화시키는 요인이 되었음을 부인할 수 없다. 굳이 야당의 사퇴 요구가 아니더라도 재난 대응의 주무 장관이고 경찰에 대한 지휘 책임을 갖고 있는 행안부 장관의 책임론은 피해갈 수 없는 일이었다. 여권 내에서도 이상민 장관 사퇴의 불가피성을 말하는 사람들이 적지 않았다.

그러나 윤 대통령은 이 장관 사퇴에 대해서는 시종일관 선을 긋는 듯한 태도를 보여왔다. "진상규명 결과에 따라 책임 있는 사람에 대해서는 그 책임을 묻도록 하겠다"는 윤 대통령의 말은 직접적인 책임이 없는 이 장관은 사퇴 대상에서 제외될 수 있음을 시사한 것으로 해석되었다. "참사를 보면서 저는 대통령이 아니라 한 사람의 시민으로서 도저히 이해가 안 되는 점이 있다"며 경찰을 질타했던 대통령의 모습은 이번 참사의 책임을 주로 경찰 쪽에 묻는 것이었다. 물론 '선先 수습- 후後 문책'이라는 방침을 의미하는 것이기도 했지만, 정치권에서 제기된 '이상민 정치적 책임론'에 선을 그은 것이라는 해석이 유력했다.

실제로 당시 언론은 "대통령실 관계자들이 여당 내 경질론을 듣고 윤 대통령에게 '이 장관을 경질하거나 명예롭게 사퇴하는 모양새가 좋지 않겠냐'고 했더니 윤 대통령이 역정을 내며 '무슨 민주당 같은 소리를 하고 있냐'는 취지의 반응을 보였다"는 보도를 하기도 했다. 이에 대한 확인을 요청하는 언론에 대통령실은 시인도 부인도 하지 않는 답변을 함으로써 최소한 윤 대통령이 이 장관 사퇴에 대해서는 대단히 부정적인 입장을 갖고 있음을 읽을 수 있었다. 윤 대통령의 그런 마음을 읽어서일까. 이 장관은 한 인터뷰에서 "누군들 폼 나게 사표 던지고 이 상황에서 벗어나고 싶지 않겠나"라며 "하지만 그건 국민에 대한 도리도, 고위공직자의 책임 있는 자세도 아니다"라고 말했다가 논란이 일자 사과하는 일까지 있었다.

윤 대통령은 이 장관이 법적으로 책임져야 할 일이 있다면 모를까, 경찰조직의 잘못에 대해 정치적 책임을 지는 것은 옳지 않다는 생각을 하고 있을 것이다. 그러나 고위공직자의 책임을 법적인 논리로만 판단하는 모습은 검사들의 것이지 대통령의 것이 될 수는 없다. 대통령은 민심을 껴안으며 민심과 함께 가야 하는 존재이다. 때로는 법의 논리보다 민심이 중요할 때가 있다. 아무리 이 장관이 직접 책임을 져야 할 일은 없었다 해도, 그런 참사가 있었던데 대해 주무 장관으로서 책임지라는 여론이 크게 잘못된 것은 아니다.

'재난의 정치화' 유감, 안전사회 위한 대책이 중요

야당의 사퇴 요구에 밀려서 그만두게 할 수는 없다는 오기 싸움을 할 것이 아니라, 윤 대통령이 먼저 선제적으로 '이상민 사퇴'의 결단을 이끌어냈다면 그의 거취를 둘러싼 정치적 논란은 촉발되지 않았을 것이다. 그러지 않았으니 이제 와서 야당의 요구에 굴복하며 사퇴하도록 하고 싶지 않은 기싸움에 매달리게 상황이 되어버리고 말았다. 이럴 때 대통령은 야당을 보면서 국정을 운영해서는 좁은 시야에 갇혀버리게 된다. 국민을 바라보면서 국정을 운영해야 큰 사고, 큰 그림이 가능해진다. 윤 대통령이 기어코 자신의 뜻대로 이 장관을 유임시킨들 그로 인한 득과 실 가운데 어느 것이 클 것인가를 숙고해 볼 필요가 있었다. 이 장관에 대한 윤 대통령의 신임이 각별한 것은 익히 알고 있지만, 그럴수록 나중에 더 의미 있는 역할을 할 기회를 열어놓을 필요도 있는 것이었다.

세월호 참사가 있었고 안전사회를 다짐했지만 이태원 참사가 또 일어났다. 아무리 다짐해도 앞으로도 이 같은 재난은 언제든 갑작스럽게 우리를 덮쳐올 수 있다. 그래도 우리는 지난 참사로부터 교훈을 얻어 조금이라도 나은 안전 환경을 구축하여 끔찍한 참사가 되풀이되지 않도록 해야 한다. 재난을 정치적 공방 거리로 만드는 일보다 그런 재난 사태가 발생하지 않도록 하는 노력이 본질임을 잊어서는 안 된다. 그것이 끔찍했던 참사의 교훈을 제대로 기억하는 길이다. 재난이 낳은 참사 앞에서 정치적 공방을 주고받으며 기싸움에 매달리는 듯한 모습들은 그래서 유감스럽기만 하다.

이태원 참사와 정권퇴진론

"축제를 즐기려는 국민을 지켜주지 못한 윤 대통령은 이 모든 책임을 지고 물러나라." '이태원 참사'가 발생한 다음 날 오전 남영희 민주연구원 부원장이 페이스북에 올렸던 글이다. 진상과 책임의 소재가 파악되기도 전에 참사를 정치적으로 이용한다는 비판이 쏟아지자 남 부원장은 일단 글을 내리기는 했지만 끝내 사과는 하지 않았다. 그 뒤로도 바이든 미국 대통령 차량 행렬을 윤 대통령의 출퇴근 행렬이라고 올린 누리꾼의 사진을 공유하는 등 생각이 조금도 달라지지 않았음을 드러냈다.

이태원 참사 직후부터 터져 나온 정권퇴진론

윤석열 대통령 퇴진 집회에 주말마다 계속 참여해온 김용민 민주당 의원도 "윤 대통령이 본인 스스로에 대해 정치적 책임을 져야 한다"며 "가장 현명한 것은 자진 사퇴하는 것"이라고 주장했다. 민주당은 당 차원이 아닌 개인들의 입장이라고 하지만, 이미 민주당 내 강경파 정치인들은 윤 대통령 퇴진 집회에 함께 하며 정권퇴진 요구에 몸을 싣는 모습이다.

사실 '반윤석열' 진영에서는 정권퇴진 얘기가 새삼스럽지 않다. 김민웅, 우희종, 안진걸 상임대표 등이 이끄는 촛불승리전환행동(촛불행동)은 이미 지난해 여름 무렵부터 윤석열 정부의 퇴진을 요구하는 집회를 주말마다 열어왔다. 대선 결과를 처음부터 인정하지 않고 사실상 불복해왔던 친민주당 계열의 단체이다. 여러 달 전부터 '윤석열 퇴진'을 목표로 잡고 촛불집회를 계속해온 사람들이었기에 참사가 있자마자 정권의 책임이라고 곧바로 결론 내리는 모습을 보였다.

참사 직후에 열린 추모집회에서도 김민웅 상임대표는 "국민을 지켜내지 못하는 정권, 국민의 삶에 관심이 없는 정권. 서울 한복판이다. 정부는 없다"면서 정권의 책임을 부각시켰다. 이에 집회 참가자들은 '윤석열을 끌어내리자', '퇴진이 추모다' 등의 구호가 적힌 플래카드를 들고 행진했다. 촛불집회의 규모를 더 확산시켜 윤석열 정부의 퇴진을 이끌어내는 것이 이들의 목표임은 분명해 보인다. 실제로 추모집회 다음 날에 '촛불행동'이 낸 논평은 이렇게 주장하고 있다. "윤석열과 그 일당들의 시간은 이제 종말을 고해가고 있습니다. 더욱 크고 강한 기세로 이들을 내쫓아버립시다."

정부의 책임 부분, 짚을 것은 짚어야

물론 정권이 물러나야 할 정도의 잘못을 했다면 시민들은 퇴진을 요구할 권리가 있다. 거기에 금기의 영역이 있을 수 없다. 다만 문제는 이태원 참사에 대한 정부의 책임이 당장 정권을 내놓고 물러가야 할 성격의 것인가 하는 점에 있다. 물론 제대로 대처했다면 막을 수 있었던 참사였는데 상황을 방치하다가 참변에 이르게 만든 경찰과 지자체 등의 책임은 아무리 강조해도 지나치지 않다. 사고 발생 네 시간 전부터 경찰에 잇따라 걸려온 신고 전화들에 적절하게 대처만 했더라도 참사는 피할 수 있었을 것이다. "왜 4시간 동안 물끄러미 쳐다만 보고 있었느냐"고 경찰을 질타한 윤 대통령의 말도 그런 것이었을 게다.

그러나 참사가 일어났을 무렵 용산경찰서장은 차에, 서울경찰청장은 집에, 경찰청장은 지방에 있었다. 경찰청장이 사고 사실을 다음 날에야 인지했다고 하니 이런 경찰이 어디 또 있겠는가. 엄정한 조사와 수사를 통해 진상을 규명하고 책임을 물어야 할 일이다. 이런 경찰에 대한 지휘 책임이 있는 이상민 행안부 장관은 "경찰·소방 인력을 미리 배치해 해결될 수 있는 문제가 아니었다"는 말을 했다가 여론의 비판을 받았으니 그 또한 책임의 대열에서 예외일 수는 없다. "구청에서 할 수 있는 역할은 다 했다"고 말했다가 논란을 빚은 박희영 용산구청장도 선출직이라는 점에서 구속되기 이전에 거취 문제를 스스로 생각할 필요가 있었다.

그날 밤 이태원 참사에 대한 관계당국들의 미흡하고 부적절한 대응은 입이 열 개라도 할 말이 없는 것이며, 윤 대통령은 그에 대한 책임을 가장 무겁게 물어야 한다. "말로 다 할 수 없는 비극을 마주한 유가족과, 아픔과 슬픔을 함께하고 있는 국민들께 미안하고 죄송한 마음"이라는 사과의 말이 의례적인 것이 아니기를 바란다.

정권책임론은 합리적 수준에서 논의될 필요

하지만 관계당국들의 무능과 잘못에 대한 책임이 있다고 해서 곧바로 정권퇴진 요구로 비약하는 것이 합리적으로 보이지는 않는다. 정권의 퇴진이란 다름 아닌 대통령의 퇴진을 의미한다. 탄핵 절차든 자진 사퇴든, 헌법이 보장한 임기를 채우지 못한 채 대통령이 물러나는 상황을 가리킨다. 그런데 대통령의 퇴진이란 단지 정부 부처나 기관의 잘못이 있었다고 해서 가능한 일은 아니고, 대통령 본인이 헌법과 법률을 위반했거나 국정운영에서 중대한 잘못을 저질렀을 때야 가능한 일이다. 그것이 상식이다.

그런데 적어도 이태원 참사가 발생한 이후로 윤 대통령이 범한 중대한 과실은 없는 편이었다. 참사 소식을 보고받은 이후 윤 대통령의 지시는 상당히 신속하고 강력하게 이루어진 것으로 보인다. 대통령실이 밝힌 바에 따르면 10월 29일 이태원에서 오후 10시 15분에 사고가 발생하고 46분 후인 오후 11시 1분에 사고 발생 사실을 보고받은 것으로 나타난다. 그 뒤 사고 내용과 사상자 발생 가능성 등을 보고받고 현장 대응 상황을 점검한 뒤 오후 11시 21분에 윤 대통령이 첫 지시를 내렸다.

대통령실은 과거 세월호 참사 때 박근혜 전 대통령이 초동 대응에 실패하며 정권적 차원의 위기에 직면했던 교훈을 의식하여 매우 긴장하고 대응 조치에 나선 것으로 보인다. 물론 윤 대통령의 공식적인 사과가 국가 애도 기간이 끝난 11월 7일에야 있어서 야당에서는 뒤늦은 사과라는 비판을 하기도 했다. 그리고 경찰에게만 책임을 물으려는듯한 윤 대통령의 판단이 적절한 것인지도 비판의 대상이 될 수 있다. 그럼에도 윤 대통령은 애도 기간

동안 매일 분향소를 찾아가 조문을 하고 국민들에게 '죄송한 마음'을 표하는 등, 대통령으로서 이번 참사를 매우 무겁게 받아들이는 모습을 보였다.

책임자들에 대한 문책의 범위와 강도는 정치적 논란거리가 될 수밖에 없는 부분이지만, 적어도 참사 이후 윤 대통령의 대응에 있어서 직접 책임을 물어야 할 중대한 과실은 눈에 띄지 않았다. 그런데도 곧바로 대통령의 퇴진을 요구하는 것은 내용에 상관없이 이미 예정된 정치적 결론이기 쉽다. 이런 참사는 두 번 다시 있어서는 안 되고 그러기 위해서도 엄중하게 책임을 묻고 가야 할 일이다. 그러나 그 과정은 질서 있고 합리적이어야 한다. 진영의 이해에 따른 극단적인 정치적 주장으로는 이런 참사의 재발을 방지할 수 없음을 지난 경험들은 말해주고 있다.

전장연 시위와 이태원 참사, 그리고 생각의 차이

전장연 시위-이태원 참사에 대한 상반된 여론

전장연(전국장애인차별철폐연대)의 지하철 시위가 한창일 때 86세대 부모들은 사회적 약자를 위해 그 정도 불편은 감내해야 하는 것이라고 말했다. 그런데 이준석이 전장연을 비난할 때만 해도 장애인들 편에 섰던 MZ 세대들이 왜 우리를 상대로 투쟁하느냐며 화를 내기 시작했다. 긴 병에 효자 없다고, 당장 자신들의 출근길을 막는 행동에 대한 분노 앞에서 거창한 담론은 무력하다. 철학자 데이비드 흄도 『인성론』에서 “내 손가락에 상처를 내기보다

온 세계가 파멸되는 것을 선호한다고 해서 이성에 반하는 것은 아니다"라고 하지 않았던가. 당장 내 손가락이 아프니 전장연 시위에 대한 입장이 갈라지는 것은 필연적인 일이다.

이태원 참사 이후의 상황을 놓고도 여론은 둘로 갈라졌다. 유가족협의회 대표들은 "진상 규명은 이제부터 시작"이라며 독립적인 조사 기구에 의한 진상 조사를 요구하고 있다. 유가족과 더불어민주당 등 야당은 특별수사본부의 '꼬리 자르기' 수사 결과를 받아들일 수 없다는 입장이다. 이와 반대로 유가족들과 야당의 주장이 과도하다며 비판하는 반대 의견들도 많다. 이태원 참사의 진상은 막상 그렇게 복잡할 것이 없는데도 세월호 참사와 동일한 것으로 만들려 한다는 것이다. 정부가 이태원 참사의 고위 책임자들에 대한 책임을 제대로 묻지 않은 것도 사실이고, 이태원 참사는 세월호 참사와는 성격이 다른 것도 사실이다. 두 개의 생각은 각기 절반씩의 진실을 담고 있다.

세월호 참사 둘러싼 분열의 교훈

전장연 시위도, 이태원 참사도 진실과 해법은 상반된 양쪽 주장 사이의 어디쯤엔가 있다. 하지만 우리 사회에서는 언제나 양쪽 극단에 있는 목소리만 들려올 뿐 그 사이에 있는 다양한 목소리들은 좀처럼 들리지 않는다. 중간 지대에 존재하는 의견들이 뒷전으로 밀리는 환경에서는 공동체 안에 존재하는 생각의 차이는 내내 평행선을 달릴 수밖에 없게 된다.

온 국민이 가슴 아파하고 애도했던 세월호 참사에 대한 인식도 시간이 지나면서 양극단으로 치달았다. 한쪽에서는 진상 규명을 하라고 요구했고, 다른 한쪽에서는 세월호를 그만 이용하라고 맞섰다. 세월호 참사를 둘러싼 분열이 심화됐던 시간은 재난의 정치화에 대한 반면교사다. 음모론에 휘둘려 8년이 넘도록 아홉 차례의 조사와 수사 끝에 내린 결론이 고작 "알 수 없다"였던 사실은 정념이 이성을 누른 결과였다.

생각의 차이 존재하는 것이 살아있는 사회

'차이의 철학자'라고 불리는 질 들뢰즈에게 '차이'는 인간의 삶을 고양시키는 역할을 한다. 모네의 '수련' 연작은 동일한 그림들의 반복이 아니다. 모네의 눈에 보이는 수련마다 물, 흙, 빛, 공기의 차이가 있다. 그래서 모네는 그때마다 다른 수련의 모습들을 반복해서 그린 것이다. 수련들에게 차이가 없으면 모네는 더이상 수련을 그릴 수 없게 된다. 그러니 다양한 차이들은 인간의 창의적 행위를 낳는 내적 에너지가 된다.

우리가 사는 사회도 마찬가지다. 사람마다 갖고 있는 다양한 생각의 차이들은 그 사회를 살아 있게 만든다. 아무리 숭고한 이념과 대의를 내걸었던 사회도 하나의 생각으로 획일화됐을 때 결국 활력을 잃고 죽어 간다. 그 결과가 사회의 몰락이었음은 인류 역사의 경험들이 말해 준다.

문제는 서로 다른 사람들이 모여 사는 사회에서 존재하는 생각의 차이를 대하는 방식이다. 나와 생각이 다르다고 해서 '악마의 생각'으로 낙인 찍는다고 그 생각들이 없어지지는 않는다. 생각의 차이를 인정하고 서로의 간격을 좁히려는 노력밖에는 달리 길이 없다. 아쉽게도 우리 공동체의 해법은 대개 흑도 백도 아닌 회색의 지대에서 찾아질 수밖에 없다. 모두의 성에 차지는 않겠지만 그것이 서로가 함께 살아가는 길이다. 우리만의 정의에 대한 배타적 의식보다는 역지사지易地思之의 태도가 필요한 오늘이다.

부동산 정책의 이분법적 선동, 망가뜨린 시장

문재인 정부의 최대 실정으로 꼽히는 부동산 정책은 시장을 신념으로 통치할 수 있다고 믿은 데서 출발한 재앙과도 같은 정책이었다. 문재인 정부는 집권 5년 동안 30회가량의 부동산 정책을 발표했다. 정부가 집값을 잡겠다며 정책을 발표할 때마다 오히려 집값이 오르는 악순환이 반복되면서 집값 폭등은 내내 계속되었다.

문재인 정부 시절 집값 폭등의 원인

2022년 9월 기획재정부가 국회에 제출한 '문재인 정부의 부동산

시장 안정화를 위한 부동산세제 관련법령 개정 연혁 및 현황'자료에 따르면, 문재인 정부는 임기 5년 동안 집값을 잡기 위해 총 6회의 '세제관련 부동산시장 안정화 대책'을 발표했고 종부세법령, 소득세(양도소득세)법령 등 기재부 소관 부동산세제 관련법령을 총 32회 개정한 것으로 나타났다. 이를 내용별로 살펴보면 법률이 9회(종부세 4회, 소득세 5회), 시행령 17회(종부세 9회, 소득세 8회), 시행규칙 6회(종부세 4회, 소득세 2회)으로 종부세 법령이 총17회, 소득세 법령이 총15회였다.

특히 다주택자를 겨냥한 종부세는 2018년 9·13 대책에 처음 등장한 이후로 갈수록 중과되는 방향으로 개정이 거듭되었다. 양도세의 경우 다주택자 뿐만 아니라 1주택자의 경우도 비과세요건이나 특별공제요건이 강화되는 등 세금을 중과하는 방향으로 세제 개편이 이뤄졌다.

하지만 이처럼 역대급으로 잡은 세제 변경에도 불구하고 집값은 잡히지 않고 오히려 폭등하는 상황이 전개되었다. 주택매매가격지수의 역대정부 연평균 상승률을 보면, 참여정부 때 4.49%이던 연평균 상승률이 이명박 정부 2.66%, 박근혜 정부 1.56%으로 안정화되었다가 문재인 정부 들어 3.5%로 전 정부 대비 2.2배 이상으로 상승률이 급등한 것으로 나타났다. 주택매매가격지수를 수도권에 한정하면 참여정부 7.11%이던 상승률이 이명박 정부 0.38%, 박근혜 정부 1.51%에 그쳤는데, 문재인 정부 때 5.09%로 전 정부 대비 3.4배의 높은 상승률을 기록했다.

어느 정부보다도 반드시 집값을 잡겠다면서 '집값과의 전쟁'을 벌이다시피한 문재인 정부에서 오히려 가장 심각한 집값 폭등 사태가 있었던 것은 역설적인 일이었다. 이는 한마디로 시장이 어떻게 작동하는지에 무지했던 문재인 정부가 시장에서의 수요-공급의 법칙을 무시한 채 오직 규제를 통한 수요억제 정책으로 집값을 잡으려 했기 때문이었다. 문재인 정부 집권 초기에 주택 공급 확대가 필요하다는 전문가들의 의견이 많이 제시되었지만, 김현미 국토교통부 장관 등의 정책 책임자들은 이를 철저히 무시했다.

집값 폭등의 책임 떠넘긴 정치적 선동

김현미 장관은 2017년 국토부 장관에 취임하면서 "집값 급등은 투기 수요 때문"이라고 규정하면서 부동산 투기세력에 대한 단호한 대응 방침을 밝혔다. 그러면서 "부동산 정책은 투기 세력이 아니라 정부가 결정해야 한다"는 것이 그의 취임사에서 꺼낸 선언이었다. 집값을 사실상 정부가 결정할 수 있다고 믿는, 시장을 정부의 신념으로 다스릴 수 있다는 철학을 갖고 있었던 것이다. 김 장관은 당시 전문가들이 제기했던 공급확대론을 일축하며 공급은 충분하다는 입장을 고수했다.

당시 문재인 정부와 민주당과 가까웠던 진보성향의 언론, 단체, 학자들 또한 공급확대론은 투기세력이 만들어낸 것이라며 공급확대는 필요없다는 주장을 쏟아내며 그런 정책을 옹호했다. 하지만 내 집을 마련하고 더 나은 집에 살고 싶어하는 인간 본연의 욕구를 정부의 정책으로 억누르는 데는 근본적인 한계가 있을 수밖에 없다. 사람은 누구나 좋은 집에서 살고 싶은 욕구를 갖고 있다. 집이 없는 사람은 내 집을 갖고 싶고, 내 집을 가진 사람은 더 좋은 집에서 살고 싶은 욕구가 그것이다. 인간의 이러한 본성적 욕구를 투기적 행태로 매도한 문재인 정부의 철학은 처음부터 잘못된 것이었다.

문재인 정부는 임기 내내 계속된 집값 폭등 사태 앞에서 결국 두 손을 들고 임기 말에 가서야 공급확대의 필요성을 인정하게 된다. 그리하여 뒤늦게야 공급확대 정책으로 선회하게 된다. 시장에서의 수요-공급의 법칙이라는 기본적인 원리마저 무시하고 세금 중과, 대출 규제 강화 등 반시장정책으로 일관한 것이 오히려 역대급 집값 폭등을 낳게 된 것이었다.

김현미 장관도 그렇고, “부동산 투기와의 전쟁에서 결코 지지 않을 것”이라는 말만 반복했던 문재인 대통령의 말들은 집값 폭등의 책임을 투기세력에게 돌리려는 일종의 정치적 선동이었다. 수요와 공급이 가격을 결정하는 시장원리를 무시하고 자신들의 정의로운 신념으로 시장을 통치하여 집값을 잡겠다는 발상이었던 것이다. 그런 발상에 기초한 정책들의 정당성을 확보하기 위해서는 투기세력의 책임을 부각시켜 가상의 적을 만들어내는 통치 전략이 필요했던 셈이다.

당시 문재인 대통령은 부동산 정책을 총괄하는 라인에 김수현 청와대 정책실장과 김현미 국토교통부 장관을 임명했다. 그런데 김수현 실장은 이미 노무현 정부 시절 집값 폭등을 낳은 정책 실패의 당사자였고, 김현미 장관은 부동산 시장을 제대로 알지 못하는 비전문적인 정치인이었다. 이들이 부동산 정책을 책임지면서 줄곧 한 것은 온갖 규제 정책으로 시장을 찍어 눌러서 집값을 안정시키겠다는 초현실주의적 정책이었다.

시장에 무지한 사람들의 규제 만능 신념

시장이 어떻게 돌아가는지조차 제대로 읽지 못하는 사람들이 모여서 정책을 만들고, 그저 강력히규제하면 집값을 다스릴 수 있다는 신념의 통치가 계속되었다. 그렇게 하면서 문 대통령이 "반드시 집값을 잡겠다"고 국민에게 호언하곤 했던 것은 정책에 무지한 대통령의 정치적 선동이었다고 해도 지나치지 않는 것이었다.

문재인 정부 5년 동안 매매 규제를 강화하면 집값이 오르고,

임대차 3법이 통과되면 전셋값이 급등했다. 집값은 못 잡고, 전세는 씨가 마르고, 국민들은 혼란스럽고, 세금은 급증하니 거주 이전의 제약만 심해졌다. 무주택자는 전월세난으로 힘들어했고, 내 집 마련을 하려던 30~40대들은 대출이 안 되어 꿈을 포기해야 하고, 유주택자들은 세금 폭탄을 맞았다. 부동산 공시지가를 시세의 90퍼센트까지 끌어올리겠다는 정부의 위협은 급격한 증세에 대한 우려를 낳아 유주택자들의 생활 기반을 흔들어놓는다. 정부가 집값은 잡지 못하고 국민을 잡고 있다는 원성이 터져 나온 것도 무리는 아니었다.

부동산도 그렇고 시장과 경제의 영역은 정치가 아닌 정책이다. 그런데도 문재인 정부는 시장을 갖고 정치를 하려 했다. 시장의 참여자들을 유주택자와 무주택자로 갈라놓고, 좋은 집에 살고 싶어 하는 인간 본성의 욕구를 가진 사람들을 죄인처럼 몰아갔다. 그래서 고가 주택을 가진 사람들에게는 징벌적 세금폭탄을 투하했고, 어지간한 중산층도 집값이 올랐다는 이유로 보유세 인상을 통한 징벌을 받아야 했다.

그렇게 세금으로 집값을 잡겠다며 징벌적 수단으로 사용하다 보니 조세체계는 그야말로 엉망진창이 되고 말았다. 정부와 민주당이 30차례에 걸쳐 땜질식 부동산 규제 대책들을 내놓는 과정에서 정책과 제도들은 뒤죽박죽이 된다. 자신들이 내놓았던 정책들이 서로 충돌하는 내용들이 비일비재했다.

부동산 법령과 세제가 난수표 해독보다 어렵게 되어버려, 세무사들도 부동산 세금과 관련된 일을 맡기를 피하고 국세청과 국토부의 담당 공무원들도 제대로 대답을 하지 못하는 상황이 이어졌다. 지금 정권이 바뀌었어도 부동산 세제와 정책들이 좀처럼 정상화되지 못하고 있는 이유는, 워낙 실타래처럼 얽히고 설켜버려 대체 어디서부터 실타래를 풀어 나가야 할지 누가 정권을 잡더라도 힘든 상황을 만들어 놓았기 때문이다. 더구나 정권은 내놓게 되었지만 여전히 국회 절대다수 의석을 차지하고 있는 민주당은 자신들의 신념을 고집하며 윤석열 정부의 부동산 정책에 비협조적인 자세로 일관했다.

문재인 정부의 부동산 정책이 뒤죽박죽이 되어버린 것은 부동산으로 편가르기 정치를 했기 때문이다. 문재인 정부의 부동산 정책의 출발점은 서울 강남 집값 잡기였다. 정부는 유독 강남 집값에 민감하게 반응하며, 강남 집값을 잡는 데 올인하다시피 했다. 하지만 수요는 있는데 공급은 차단한 채 강제적으로 수요를 억제하려다 보니 집값은 오히려 갈수록 상승하게 되었다. 주거에 필요한 모든 인프라가 잘 갖춰져 있는 강남 지역의 특성을 감안하면, 그곳의 집값은 시장 원리에 따라 정해지도록 놔두는 것이 나았다. 특정 지역을 타깃으로 한 규제 정책에 주력하는 대신, 전체 국민의 주거 안정에 주력하는 것이 정부가 할 일이었다.

지옥으로 가는 길은 선의로 포장되어 있다

그러나 시장조차도 선과 악의 잣대로 바라보는 진보적 단체들을 등에 업고 있던 문재인 정부는 강남 집값이 상승하는 것을 결코 용인할 수 없었다. 그것은 자신들이 갖고 있는 정의로운 신념에 어긋나는 일이라고 믿었기 때문이다. 사람들이 살고 싶어하는 곳에 주택 공급을 충분히 하는데 주력했어야 할 정부가 다주택자들은 물론이고 유주택자들까지도 죄인 취급하며 징벌적 규제에만 매달리는 사이에, 집값은 폭등하게 된 것이다. 시장에는 공급도 매물도 없도록 정책을 만들어놨으니 그렇게 될 수밖에 없는 구조였다.

당시 문재인 대통령은 2021년 1월에 가진 신년 기자회견에서 LTV와 DTI 이야기가 나오니 "그렇게 아주 구체적이고 전문적인 부분에 들어가면 제가 답변 드리기가 조금 어렵다"고 대답했다. 집값을 잡겠다고 공언하고 있던 대통령이 막상 부동산 정책의 기초적인 사항도 모르고 있던 모습이었다. 그런 광경은 시장의 작동에 대한 기초적인 식견도 없이 오직 신념에 기초한 정책으로 부동산 시장을 왜곡시킨 책임자들의 모습을 상징한다.

지난 정부 시절 민주당의 김남국 의원이 자신의 페이스북에 이런 얘기를 올렸다. "부동산 정책만큼은 '여기가 북한이냐'는 말이 나올 정도로 더 확실하게 때려잡아야 한다." 당시 문재인 정부와 민주당이 부동산을 보는 시선을 선명하게 알려주는 상징적인 말이었다. 그 정치인들에게 부동산은 때려잡아야 할 대상이었던 것이다. 그러니 문재인 정부 시절의 부동산 문제가 그 꼴이 난 것도 무리는 아니었다.

"지옥으로 가는 길은 선의로 포장되어 있다The road to hell is paved with good intentions"는 속담이 있다. 좋은 뜻으로 시작하는 일 때문에 오히려 상황이 악화되어 돌이킬 수 없는 결과를 낳는다는 의미이다. 딱 그렇게 되었던 것이다.

‘친일 횟집’ 논란, 선동이 이성을 누르는 사회

느닷없는 ‘친일 횟집’ 논란이 불거졌다. 지난 4월 6일 윤석열 대통령이 부산에서 가진 ‘부산 엑스포 만찬’을 둘러싼 것이다. 이날 부산 벡스코 컨벤션센터에서 중앙지방협력회의를 주재한 윤 대통령은 국제박람회기구 실사단 환송 만찬에 잠시 들른 후 광역단체장, 일부 국무위원 및 국회의원들과 함께 해운대구에 있는 한 횟집에서 만찬을 가졌다. 논란거리는 이 횟집의 상호가 ‘일광수산횟집’이라는 점에서 생겨났다.

'더 탐사' 가 제기한 '친일 횟집' 의혹

이 상호만 갖고 '더 탐사'라는 유튜브 매체가 '친일' 의혹을 주장하고 나선 것이다. 이 매체가 제기한 의혹은 이런 것들이었다. "1. 부산시 기장군 일광면(2022년 일광읍으로 승격)은 일제강점기에 만들어진 행정구역 2. 건진법사의 소속 종단은 '일광조계종' 3. 윤의 40년 지기 측근인 동해시 황 사장의 건물명은 '일광' 4. 그 황 사장이 갖고 있는 절 중 하나는 '일본 조동종' 5. 일광은 영어로 선라이즈, 욱일기의 상징." 그리고 이 매체 소속 강모 기자에게 욕을 퍼부은 서울경찰청장 외삼촌의 하동 암자의 현판도 일광이라는 주장까지 덧붙였다. 이런 의혹을 제기한 매체가 겨냥한 것이 무엇인지는 충분히 알 수 있다. 만찬 자리가 있은 식당은 상호로 미루어보아 '친일' 횟집인데, 굳이 그곳을 선택한 배경을 추궁하는 것이었다.

굳이 이 음식점 사장님에게서 '일광'이라는 이름을 넣은 이유를 직접 듣지 않더라도 그런 주장이 얼마나 허황된 것인가는 충분히 판단할 수 있다. 그러나 언제나 그렇듯이 이런 해괴한 주장은 온라인을 통해 대대적으로 유포되고 이번에도 온라인과 SNS 세상이 떠들썩한 광경을 보였다. 급기야는 이 횟집을 겨냥해 근거 없는 비방의 후기를 남기는가 하면 별점을 떨어뜨리는 '별점

테러'까지 빚어졌다. "사장이 석열이하고 친한 듯", "공 묻은 곳", "여기가 그 유명한 용산파가 회식한 곳이냐", "일광? 일본의 빛이냐" 같이 입에 담기도 민망한 비방들이 후기를 빙자해서 올라왔다. 이 업소는 아무런 이유도 없이 단지 '일광'이라는 이름이 상호에 들어가 있다는 이유, 그리고 대통령이 참석한 만찬 예약을 잡았다는 이유만으로 그런 공격을 당하고 피해를 입은 것이다.

알고 보면 터무니없는 가짜 뉴스

'더 탐사'라는 매체의 주장이 사실무근임은 여러 반박들을 접하면 쉽게 판단이 된다. 이 횟집이 위치한 부산 해운대갑을 지역구로 둔 하태경 의원은 "뚱딴지같이 친일몰이"라며 "윤석열 정부와 국민의힘이 친일파이니 이 식당에서 먹었다고. 정말 황당하고 역겹다"고 그런 의혹을 제기한 사람들을 비난했다. "게다가 건진법사가 속해 있다는 '일광조계종'은 기장군 일광과는 상관없다"며 "일광조계종의 본사인 충주 일광사에서 따온 이름"이라는 반박도 했다.

여당인 국민의힘 김예령 대변인도 논평을 내고 "명백한 가짜 뉴스"라며 "일광식당이란 상호는 부산 기장군에 위치한 '일광읍'에서 유래했다. 일광읍은 일광해수욕장이 있는 푸른 바닷가 마을"이라고 설명했다. "'일광읍'이라는 이름은 일제강점기 때 만들어진 행정구역이라는 더 탐사의 엉터리 해석과 달리, 조선시대부터 있었던 '일광산'에서 유래됐다"는 것이 김 대변인의 설명이었다. 온라인에서의 논란이 불거지자 대통령실 또한 "본질을 외면하고 식당 이름을 문제 삼아 반일 선동까지 하려는 움직임"이라고 비판했다.

굳이 이런 구구한 설명과 반박이 없어도 '더 탐사' 같은 매체가 제기하는 그런 의혹들이 얼마나 허무맹랑한 것인가는 이미 겪을 만큼 겪은 일이다. 대선정국 때 뜨거웠던 '쥴리'나 '동거설' 마타도어도 이 매체의 전신인 '열린공감TV'가 했던 것이고, 역시 허위로 판명된 '청담동 바' 의혹도 이들이 주장해서 더불어민주당의 김의겸 의원이 넘겨받았던 것이다. 문제는 그런 상황을 반복해서 겪었으면서도 이런 마타도어와 선동이 제기될 때마다 동조하고 확산시키는 팬덤층들이 변함없이 존재한다는 사실이다. 나치의 괴벨스가 "나에게 딱 한 문장만 달라. 누구든 범죄자로 만들 수 있다"고 했듯이, 조작해낸 내용을 갖고 반대세력을 흔들려는 공격이 여전히 반복되고 있는 것이다.

정부 비판은 필요하지만
사실에 근거해야

그나마 다행인 것은 민주당은 이 횟집의 이름에 관한 논란에는 가세하지 않고 거리를 두었던 점이다. 대신 민주당은 "술자리 논란은 윤석열 정부가 권력놀이에 취해 있다는 의심을 지우기 어렵게 한다"면서 이 만찬에 대한 비판은 신랄하게 했다. 그날 자리에서 술이 건배주만 오갔는지, 그 이상이었는지를 대통령실과 민주당 양측의 얘기를 들으며 따지다 보면 '이거 뭐하는 건가' 하는 자괴감을 피할 수 없을 것 같으니 더 이상 얘기하고 싶지는 않다. 다만 '부산 엑스포 유치'라는 과제에는 아무런 관심도 없고, 가십성 논란들만 이어지는 광경들이 정상적이지는 않아 보인다.

이 얘기는 윤석열 정부가 추구하는 대일 외교와 한·일관계의 방향이 옳으냐 그르냐 하는 것과는 별개의 것이다. 정부가 강제징용 해법을 발표하고 윤 대통령이 일본을 방문해서 한·일정상회담을 가졌다. 하지만 우리 정부의 일방적인 양보에 비해 일본 정부는 무성의한 태도로 일관했다. 한·일관계의 개선은 필요하지만, 이런 방식의 관계 개선에 대해서는 부정적인 여론이 우세하다. 앞으로 한·일관계의 추이에 대해서는 우리가 계속 지켜보면서 힘을 실어줄 것은 실어주고 비판할 것은 비판할 일이다.

시민의 이성으로 선동을 제압해야

그러나 비판을 하는 경우라 하더라도 이번에 등장한 '일광' 논란

처럼 어처구니없는 마타도어를 등에 업는 방식이 되어서는 곤란하다. 비판은 정책의 내용에 대해 이성적이고 합리적으로 이루어져야지, 국민감정을 선동하는 식의 비이성적인 방법을 동원해서는 안 된다. 문재인 정부 시절 '죽창가'가 상징했듯이, 국민을 '친일과 반일'의 이분법으로 가르는 일이 우리 사회에 얼마나 심각한 분열과 갈등을 낳았는지는 이미 경험한 일이다.

패트리샤 로버츠-밀러 교수는 『선동은 쉽고 민주주의는 어렵다』는 책에서 "정치 문화에서 선동에 대한 의존도를 줄이는 것은 우리의 문제고, 문제의 해결 역시 우리에게 달려있다"고 말한다. 저급한 선동이 번번이 위세를 떨치는 현실은 우리의 문제이다. 몇 줄짜리 선동에 의해 이성이 뒷전으로 밀려나는 사회에서는 미래를 기약하기 어렵다. 이성의 힘으로 선동을 다스리고 제압하는 일은 공동체를 살아가는 우리 시민들의 몫이다.

'박원순 다큐'에게 진보의 예의를 묻는다

저자는 고 박원순 전 서울시장과 인간적인 인연이 있다. 민주화 운동을 하던 젊은 시절 시국 사건으로 감옥에 갔을 때 그가 변호인을 맡아주었다. 박 전 시장이 정치를 시작한 이후로는 가끔씩 조언을 청하는 등 이런저런 관계가 있었다. 그러니 세상을 떠난 지도 여러 해가 지난 고인의 부정적인 부분을 자꾸 거론하는 것은 인간적으로 곤혹스러운 일이기도 하다. 그가 생의 마지막 시간들 속에서 성추행의 가해자가 되기는 했지만, 그렇다고 인권변호사로서 존경받으며 살았던 생의 전부가 부정될 일은 아니라고 믿기에 더욱 그러하다.

성추행 자체를 부인하는 '박원순 다큐'

그럼에도 다시 박 전 시장 얘기를 꺼내게 되는 것은 그의 성추행 사실을 부정하는 2차 가해 행위가 다시 고개를 들고 있기 때문이다. 박원순 다큐멘터리 제작위원회 '박원순을 믿는 사람들'은 박 전 시장을 다룬 다큐 영화를 오는 7월에 개봉한다고 밝혔다. 공개된 영화 포스터에는 '세상을 변론했던 사람. 하지만 그는 떠났고, 이제 남아있는 사람들이 그를 변호하려 한다'는 문구가 담겼다.

박 전 시장의 성추행을 부인하고 그를 옹호하는 내용의 영화임을 분명히 하고 있어 피해자에 대한 2차 가해 우려가 제기된다. 그러나 다큐를 제작한 김대현 감독은 "1차 가해에 대한 여러 의문들이 해소되지 않은 상태에서 이것을 2차 가해로 몰아갈 수 있는 것이냐는 의문이 있다"며 성추행 사실 자체를 부정하는 입장을 드러내고 있다.

그런 입장은 과연 합리적으로 수용할 수 있는 것일까. 익히 알다시피 박 전 시장은 지난 2020년 7월 비서 성추행 혐의로 피소되자 극단적인 선택을 했다. 이후 국가인권위원회는 6개월간의 직권 조사 끝에 2021년 "피해자에 대한 박 전 시장의 성적 언동은 성희롱에 해당된다"는 결과를 발표한 바 있다. 이어 서울행정

법원 행정 8부는 지난해 11월 박 전 시장의 배우자인 강난희 씨가 인권위를 상대로 낸 소송에서 원고 패소로 판결했다. 재판부도 "박 전 시장의 행위가 피해자에게 성적인 굴욕감이나 불편함을 줬다고 보여 피해자가 성희롱을 당했다고 인정할 수 있다"고 판결했다.

법원도 국가기관도 인정한 가해 사실

한편 김재련 변호사는 2021년 1월 14일 내려진 법원의 판결 내용 중 일부를 최근 공개했다. 이는 박 전 시장으로부터 성추행을 당한 피해자를 또 성폭행한 서울시장 비서실 직원에 대한 판결인데, 재판부는 이 판결문에서 박 전 시장의 가해사실을 인정했다. 여기에는 글로 옮기기조차 민망한 구체적인 사례들이 적시되어 있다. 또한 이 판결문은 "박 전 시장이 서울시 특보에게 '피해자와 문자를 주고받은 것이 있는데, 문제를 삼으면 문제될 소지가 있다'는 취지로 말했다"며 "특보에게 '아무래도 이 파고는 내가 넘기 힘들 것 같다'라는 텔레그램을 보냈다"고 밝혔다. 극단적 선택을 앞둔 시점에서 했던 그 말의 의미가 무엇인가는 상식으로 판단할 수 있는 일이다. 박 전 시장의 극단적 선택은 사실상 가해사실의 인정이었다고 해석하는 것이 상식적이다.

사실을 부정하는 진영의 신념

하지만 곧 개봉하겠다는 '박원순 다큐'는 국가기관의 조사 결론, 법원의 판결, 상식의 판단들을 모두 송두리째 부정하고 있다. 그들의 주장이 근거하고 있는 것은 오로지 박 전 시장에 대한 믿음, 좀 더 본질적으로 말하자면 자기들은 나쁜 짓을 하지 않는다는 진영의 신념이다.

세상에는 악하기만 한 인간도, 선하기만 한 인간도 찾아보기 어렵다. 대부분의 인간은 선과 악이 혼재되어 그 사이 어디쯤에 있다고 보는 것이 옳다. 평생을 존경받으며 살아온 박 전 시장의 마지막이 그렇게 끝나버린 것은 안타까운 일이다. 그렇다고 고인의 명예를 위해 피해자를 거짓말쟁이로 만들며 다시 고통을 안기는 일을 해서는 안 된다. 자신들의 안타까운 마음은 마음속에 묻고 피해자를 위로하는 것이 그래도 한 시절 '진보'를 말했던 사람들이 보여야 할 예의가 아니겠는가. '박원순 다큐'는 개봉하지 않는 것이 우리 사회의 퇴행을 막기 위한 최소한의 윤리이다.

이래경 혁신위원장 사퇴가 남긴 것

더불어민주당 혁신위원장으로 임명됐다가 사퇴한 이래경 다른백년 명예이사장의 과거 글들은 두 가지 문제를 안고 있었다.

가짜뉴스를 갖고 선동했던 언행

첫째, 가짜뉴스에 기반한 선동을 통해 대중을 자극하려 했다. 천안함 침몰 원인에 대해 '좌초'도 아니요, '자폭'이라 했던 것은 그동안 진보 진영 내에서 나온 여러 주장과도 차원이 다른 것이었다. 인사청문회 때면 '천안함은 누구의 소행이었나'라는 질문으로 사상 검증을 하는 분위기도 거북하지만 정치적 목적을 위해 자폭시켰다는 주장은 황당하기 이를 데 없다.

세월호를 정치적 음모와 기획에 따라 침몰시켰다는 '고의 침몰설'의 데자뷔라고 해도 과언이 아니다. "한국 대선에도 미 정보조직들이 분명 깊숙이 개입하였으리라"던 대선 조작설, "바이든이 푸틴을 전범으로 낙인찍는 것은 위선적 거짓"이라며 푸틴 러시아 대통령을 옹호했던 입장, "코로나19의 진원지가 미국임을 가리키는 정황들이 속속 밝혀지고 있다"던 주장들도 마찬가지다.

선악의 이분법에 갇힌 사고

둘째, 고질적인 선악의 이분법에 갇혀 있었다. 이 이사장이 지난 2월 16일 "오늘 시점에 다시 되새기는 명언"이라며 SNS에 공유했던 글이 있다. "보면 볼수록/이재명은 든든하고/윤석열은 불안하며/알면 알수록/이재명은 박식하고/윤석열은 무식하며/까면 깔수록/이재명은 깨끗하고/윤석열은 더럽다." 그에게 '윤석열은 악', '이재명은 선'임이 분명하다.

'윤석열'이야 대통령 권력이니 저항정신의 발로에 따라 원색적으로 비난했다 치자. 그러나 국회 다수당을 이끄는 야당 권력인 '이재명'을 든든하고 박식하고 깨끗하다고 하는 것은 좀 오글거리는 일 아닌가. 생각이 어느 한 진영에 너무 깊숙이 들어가 있으면 우리 편은 천사, 상대 편은 악마라는 신념에서 벗어나지 못한다.

혁신의 대상이었어야 할 낡은 진보

그렇게 보면 이 이사장은 진보 진영이 넘어서야 할 고질적인 문제들에 갇혀 있던 당사자였던 셈이다. 혁신의 대상이 돼야 할 사람을 혁신의 책임자로 기용하는 일이 민주당에서 벌어졌던 것이다. 그러니 이 이사장의 과거 언행보다 더 놀라운 것은 그를 당 혁신위원장에 기용하고 전권을 부여하겠다고 나섰던 이재명 대표의 정치 수준이었다. 이 이사장의 과거 글들이 논란을 빚자 이재명 대표는 "저희가 정확한 내용을 몰랐던 것 같다"고 말했다. 그 말이 사실이라면 잠시 검색만 해도 알 수 있던 내용들이었는데도 그런 수고조차 하지 않았다는 얘기다. 이유는 짐작이 된다. '이재명 지키기'에 앞장섰던 강성 '친이재명' 인사였다는 사실이 유력한 배경이었을 것이다.

이 이사장은 2019년 당시 이재명 경기도지사가 2심에서 당선무효형을 받은 이후 '이재명 지키기 범국민대책위'에 참여해 구명 운동에 앞장섰던 인사였다. '독재냐 민주냐'를 양자택일해야 했던 시대를 지나 오늘까지도 선악의 이분법에 갇혀 있고, 자신에 대한 낯 뜨거운 칭송을 해온 사람에게 당 혁신을 맡기려 했으니 이 대표도 참 민망하게 됐다. '몰랐다'는 변명에도 불구하고 자신의 열렬 지지자에게 당 혁신을 맡기려 한 것은 속 보이는 정치라는 비판을 피하기 어렵게 됐다. 당장 내년 4월 총선을 앞두고 후보 공천에 어떤 식으로든 영향을 미치게 될 자리가 아니었던가. 이 대표가 당을 사당화하려 했다는 '비명非明'들의 비명悲鳴이 그리 터무니없게 들리지는 않는다.

이 얘기는 단지 민주당만을 향해 던지고 있는 것은 아니다. 다른 자격 여부와 상관없이 '충성도' 하나를 중용의 최우선 기준으로 삼는 행태가 여권 진영에는 없다고 하겠는가. 그것이 사람에 대한 것이든 이념에 대한 것이든 윤석열 정부도 '묻지마 충성'을 인사의 잣대로 삼았던 일들이 종종 있었다. 그러니 서로가 서로를 거울로 삼아 자신의 모습을 제대로 볼 수 있어야 한다. 그런데 다들 거울을 보려 하지 않는다.

조민과 정유라의 설전, 우리의 부끄러운 자화상

조민씨와 정유라씨가 방송과 SNS에서 쏟아내는 말들이 점입가경이다. "저는 떳떳하다."(조민), "니 욕이 많겠냐, 내 욕이 많겠냐. 니가 억울할까, 내가 억울할까"(정유라). 한번 입을 연 두 사람은 이미 작심이라도 한 듯하다. 세상 사람들이 뭐라고 한들, 하고 싶은 대로 하면서 내 인생을 살겠다는 결기가 느껴진다.

조민-정유라 설전의 점입가경

물론 이 두 사람도 자신을 향한 따가운 시선을 모르지는 않을 것이다. 지난해 4월에 SNS를 시작했던 정유라씨는 악플들에 지쳐서 "더는 게시물을 안 올리겠다"고 하기도 했다. 그러나 아무리 생각해도 분했는지 자신을 비난했던 '좌파'들을 반격하는 글을 SNS에 올려왔다. "지난 5년간 '좌파무죄 우파유죄'였잖아요"라던 그의 항변은 '좌파'들에 의해 대역 죄인이 되었던 분한 마음을 드러냈다. 인스타그램을 통해 '먹방' 사진도, 스키 타는 모습도 올리는 조민씨를 향해서는 "엄마 감옥 가도 아무렇지 않게 사는 멘탈 부럽다"면서 "나도 엄마 감옥 가도 아무렇지도 않게 스튜디오 사진 찍고 공방 다니는 멘탈로 인생 살고 싶다"고 비아냥거리기도 했다. 정유라씨의 마음속에는 자신만 몹쓸 인간으로 내몰리고, 심각한 입시부정을 저질렀던 조민은 팬들의 응원을 받고 즐거운 모습을 보이는 데 대한 억울함이 차고 넘치는 듯하다.

세간의 시선을 아랑곳하지 않는 태도에는 조민씨도 뒤지지 않는다. 지난 1월 인스타그램을 개설하며 자신의 얘기들을 올리기 시작한 조씨는 김어준 방송에 출연해서 분명한 의지를 밝혔다. "지난 4년간 조국 전 장관의 딸로만 살아왔는데 아버지가 실형을 받으시는 것을 지켜보면서 나는 떳떳하지 못한가 곰곰이 생각해 보게 되었다"면서 "저는 떳떳하다"고 단언했다. "입시에 필요한 항목들에서 제 점수는 충분했다"며 "의사 자질이 충분하다는 말을 들었다"고도 했다. 자신의 입시부정에 대한 사과의 말은 한마디도 없이 너무도 당당해 하는 모습은 지켜보는 사람들을 허망하게 만든다. 이럴 것이면 대체 재판은 무엇하러 하는 것일까. 대한민국 사법부가 내린 1, 2, 3심의 판결문은 아무 의미도 없는 휴지 조각에 불과한 것일까.

근신하는 모습이 공동체에 대한 예의

이 두 딸의 어머니는 모두 감옥에 있다. 조씨의 어머니 정경심 전 교수는 딸의 입시비리 등으로 징역 4년의 확정 판결을 선고받아 수감 중이다. 여기에 조국 전 장관과 함께 받은 다른 재판의 1심에서 아들 입시비리로 징역 1년이 추가되었다. 그런가 하면 정씨의 어머니 최서원(최순실)씨는 국정농단 사건 등으로 총 21년의 징역형을 선고받고 복역 중이다. 다만 어깨와 척추 수술 이후 재활치료가 필요하다는 이유로 형의 집행이 일시적으로 정지되어 있는 상태다.

모친들이 처해있는 그런 상황을 생각하면 두 딸의 처신은 인간적으로나 사회적으로나 좀처럼 이해가 되지 않는다. 물론 부모와 자식이라 해도 각자의 인생을 사는 것이니, 어머니가 감옥에 있다고 죄인처럼 지내라는 얘기는 아니다. 사회적 지탄과 법의 심판을 받게 된 행위들이 있었던 시절, 두 사람의 자아는 아직 충분히 성숙되지 못했을 나이였다. 어떻게든 남들보다 좋은 학교,

좋은 진로를 위한 욕심 때문에 별다른 죄의식 없이 부모들이 하라는 대로 했을 수 있다.

인생이라는 것이 무척 길기에, 잘못을 했더라도 반성하고 다시 일어선다면 우리 사회는 이들을 포용할 정도의 품을 갖고 있다. 당사자들로서는 사회가 자신들에게 찍어버린 낙인이 뼈아프겠지만 아직 너무도 젊은 나이 아닌가. 반성할 것은 하고 다시 건강한 삶을 살아간다면, 격려를 하면 했지 거기다가 매몰차게 쓴소리를 할 이유는 없다. 하지만 자신은 떳떳하다고 강변하고 서로가 억울하다고 주장하는 두 사람의 모습에서는 최소한의 반성의 마음을 읽을 수가 없다. 어머니가 감옥에 있는데 저러고 싶을까 하는 생각이 드는 것이 평범한 사람들의 솔직한 생각이다.

사회적 차원에서 보면 문제는 좀 더 무겁게 느껴진다. 조씨는 입시비리, 정씨는 입시비리에 학사비리까지 연루되었던 당사자들이다. 본인들은 억울하다고 항변하지만, 법원은 증거에 입각하여 그러한 비리가 사실이었다고 판단하는 확정 판결을 내렸다. 다른 문제도 아니고 입시비리와 관련된 범법 행위는 공동체의 신뢰를 무너뜨리는 심각한 반사회적 성격의 것이다. 당사자들은 마땅히 성찰하고 근신하는 모습을 보이는 것이 자신이 속한 사회에 대한 예의이다. SNS를 통해 세상 사람들 다 들으라며 오불관언吾不關焉하는 모습은 정상적이지 않다.

부모 세대의 모습을 닮아버린 것인가

젊은 두 딸들의 이런 모습을 보면서, 그러면 이들의 부모 세대가 보였던 모습은 어떠했던가를 떠올렸다. 정경심 전 교수와 최서원 씨 모두 법원에서 유죄 확정 판결이 내려졌지만 누구도 자신의 잘못에 대해 반성의 말을 한 적이 없다. 진영의 지지자들도 각자 자기 편에 속한 인물은 응원하고 반대편에 있는 인물은 비난하는 내로남불로 일관했다. 부모 세대가 너무도 태연하게 그래왔으니 두 젊은이라고 다를까 싶다. 성찰하지 않고 버티며 자신의 정당함을 강변하는 것이 이 시대의 생존법이라고 생각했을지 모른다. 조민과 정유라가 보여주는 모습을 탓하기에 앞서, 이런 모습들을 편을 갈라 응원하고 있는 우리 사회의 현실을 먼저 돌아보게 된다. 어쩌면 이들은 자기들의 부모 세대를 그대로 빼닮아버린 것인지도 모르겠다.

렘브란트의 그림 '돌아온 탕자'에서 아버지는 돌아온 아들을 두 팔로 안아 품어주고 있다. 자식은 무릎을 꿇은 채 자신의 잘못을 뉘우치고, 아버지는 그런 아들의 등을 어루만지며 용서를 하고 있다. 그러나 우리 사회에서는 그렇게 뉘우치는 자식들도, 용서할 자격을 갖춘 어른들도 찾아보기가 어렵게 되었다. 어떻게 된 것이 나이 든 사람들부터 잘못을 인정할 줄 모르는 세태가 되어버렸다. 어른들부터가 모두 진영과 편으로 갈라져 싸우는데 갇혀버린 것이다. 그런 모습을 지켜본 젊은 자식들도 굳이 반성할 생각을 하지 않는다. 조민과 정유라, 두 딸들을 탓하기 이전에 이런 현실을 부끄러워해야 할 것은 먼저 어른들이다.

4

진영의 정치를 넘어서기 위해

"우리는 우리가 쓴 것에 대해 한 단어 한 단어 책임져야 한다."

프리모 레비 「불명료한 글쓰기에 대하여」

보수정부는 국민통합을 하고 있는가

"북한을 따르는 주사파는 진보도, 좌파도 아니다. 적대적 반국가 세력과는 협치가 불가능하다." 지난해 10월 19일 국민의힘 원외 당협위원장들과 만난 자리에서 윤석열 대통령이 했던 말이다. 미리 준비된 얘기는 아니고 어느 참석자의 말에 응답하면서 나온 말이었지만, 맥락 모를 갑작스러운 발언으로 받아들여졌다.

'강성 우파' 인사들의 중용이 던진 신호

대통령이 공개적인 자리에서 언급해야 할 정도로 근래 들어 '주사파' 문제가 이슈가 되는 일도 없었고, 대통령이 정색을 하고 말할 정도로 '주사파'가 우리 사회에서 의미 있는 세력으로 존재하는지도 의문이기 때문이다. 설혹 그런 인사들이 소수 존재한다 해도, 지금 같은 세상에서 더 이상 우리 사회에 영향을 미칠 세력으로 존재한다고 보기는 어렵다. 그래서 마치 더불어민주당과 강성 지지층이 반대편 세력을 공격할 때 걸핏하면 '친일파' 프레임을 들이대는 모습을 떠올리게 만들 수 있었다. 민주당 진영의 '친일' 프레임이 지지층 결집을 노린 것임과 마찬가지로, 윤 대통령의 '주사파' 발언도 전통적 보수층의 지지를 결집시키기 위한 발언이라는 해석으로 연결된다.

지난해 하반기 들어서면서부터 윤 대통령의 우향우 행보가 뚜렷하게 나타나는 모습이다. 도드라지게 나타나는 것이 인사정책에 있어서 흔히 말하는 '강성 우파' 인사들의 중용이다. 윤 대통령은 지난해 9월 전희경 전 새누리당(국민의힘의 전신) 의원을 정무1비서관에 임명했다. 전 비서관은 의원 시절 '보수의 잔다르크'라고 불릴 정도로 강경하고 전투적인 우파 정치인이었다. 하필이면 국회나 야당과의 소통을 담당하는 자리에 그런 강성 우파 인사를 기용한 데 대한 우려의 반응들이 적지 않았다.

이어 윤 대통령은 김문수 전 경기지사를 경제사회노동위원장에 임명했다. 김 위원장은 보수단체들의 집회에서 태극기를 들고 단상에 올라 '박근혜 탄핵 반대'를 함께 외치던 정치인이다. 국민들에게는 태극기부대와 함께하는 극우 정치인으로 인식되고 있었다. 실제로 김 위원장은 "문재인은 총살감"이라고 했던 자신의 과거 발언에 대해 "여전히 같은 생각을 갖고 있다"고 답했다. 국정감사장에서는 "문 전 대통령이 신영복 선생을 가장 존경하는 사상가라고 여긴다면 김일성주의자"라고 답변하기도 했다.

정진석 국민의힘 비대위원장은 그런 발언을 감싸며 "문 전 대통령이 김일성주의를 추종하는 사람이 아닐까 의심하는 사람이 김문수 한 사람뿐인가"라고까지 했다. 이쯤 되면 김문수 개인의 문제가 아닌 윤석열 정부 집권 세력의 문제가 된다. 역시 하필이면 노사정의 사회적 대화를 이끌어야 할 자리에 극단적 성향의 인물을 중용했으니 이 또한 맥락을 이해하기 어려운 인사였다. 당장 한국노총은 "김문수 위원장의 행태는 시대착오적"이라며 "정치적 문제에 대한 편파적 입장을 대내외에 반복적으로 표방하는 것은 경사노위 위원장으로 부적절한 처신"이라고 비판하고 나섰다.

여기에 이은재 전 자유한국당(국민의힘의 전신) 의원을 전문건설공제조합 새 이사장 후보로 낙점한 사실은 차라리 한 편의 블랙코미디였다. 국회의원 시절 내내 자질 논란이 계속되었고 '사퇴요정'으로 불리며 비웃음의 대상이 되었던, 게다가 아무런 전문성도 없는 인사를 내려보내는 최악의 낙하산 인사가 된 것이다. 어쩌다 한 번도 아니고, 작심이라도 한 듯이 연이어지는 부적합

인사들을 보노라면, 윤석열 정부는 중도 확장성을 포기한 것 아닌가 하는 생각이 들 지경이었다. 지난해 3월 대선을 치를 때만 해도 윤 대통령은 중도층을 지지 기반으로 삼으려는 중도확장성의 노력을 기울였다. 그런데 중도확장성 대신 보수 진영의 입맛에만 맞는 행보를 보여오고 있는 것이다.

보수층 결집만 노리다가 중도민심 멀어질 위험

근래 들어 윤 대통령과 여권 세력이 보여준 이런 일련의 행보들은 일시적이거나 우연한 것이 아니라, 나름의 전략적인 구상 위에서 진행되고 있는 것 아닌가 하는 싶다. 지지율 하락 속에 보수층의 이탈까지 나타난 상황에서, 일단 강경 보수 노선을 통해 전통적 보수층을 결집시키려는 판단을 했을 법하다.

만약 그렇다면, 이는 하나만 생각하고 둘은 생각하지 못하는 단견이다. 윤 대통령을 만들었던 것은 전통적 보수층의 지지로만 가능했던 것이 아니다. 민주당의 '내로남불'과 진영정치에 등 돌린 중도층이 윤 대통령의 손을 들어줌으로써 대통령 당선이 가능했던 것이다. 윤석열 정부가 성공한 정부가 되려면 대선 득표율보다도 더 확장적인 지지를 얻기 위한 중도 강화 노선으로 가야함은 상식적인 판단이다. 당장 내년 4월 총선이 다가오면 여야는 다시 중도층을 향한 구애 경쟁을 벌이게 될 것이다.

그런데도 눈앞에서 이탈한 보수층만 바라보다가 중도 민심은 포기하고 우파 세력의 지지만 받는 길을 간다면, 이는 21대 총선 시절 보수 정당의 모습으로 되돌아가는 길이 된다. 2020년 총선 당시 미래통합당(국민의힘의 전신)은 황교안 전 대표 체제의 후과에다 강경보수 후보들의 막말 파문이 이어지면서 자멸하다시피 참패했다. 그로부터 지난해 3·9 대선에서 승리하기까지 보수정당 세력은 중도확장성 확보에 모든 것을 걸다시피 해왔다. 그런데 이제와서 다시 강경보수로 회귀하는 듯한 윤 대통령과 국민의힘 지도부의 모습은 그동안 공들였던 탑을 스스로 무너뜨리는 일이다.

보수회귀 행보,
22대 총선 패배 자초 가능성

윤 대통령의 보수 회귀 행보는 여권이 22대 총선을 치르는데 상당한 부담으로 작용하게 될 것이다. 물론 여권은 자신들이 부진하더라도 민주당의 '이재명 사법 리스크'를 최후의 보루로 기대할 것이다. 물론 어느 정도는 사실일 수 있다. 이 대표에 대한 중도층의 비호감 정서가 여전하고, 그에 대한 재판이 계속되는 상황에서 민주당이 '이재명 방탄'에 올인하다가는 민주당은 국민에게 외면당하는 상황을 내다볼 수 있다. 그러나 자력으로 만들어낸 지지가 아니라 '반이재명' 정서라는 반사이익에 기댄 여권의 미래 구상은 모래 위에 쌓은 성일뿐, 자기의 것이 되지 못한다.

주말이면 서울 도심이 다시 둘로 쪼개지고 있다. 보수단체의 집회에 참가한 사람들은 '이재명·문재인 구속'을 외치고, 진보단체의 집회에 참가한 사람들은 '윤석열 퇴진·김건희 특검'을 외친다. 조국 사태 이래로 나라가 둘로 쪼개지는 분열의 터널을 고통스럽게 거쳤건만, 윤석열 정부가 출범한지 불과 반 년 만에 다시 그런 광경이 재현되었다.

물론 그들이 전체 국민을 대표하는 것은 전혀 아니지만, 윤석열 정부 아래에서도 진영 간의 분열과 갈등은 계속되는 모습이다. 물론 강경으로만 치닫는 민주당의 태도가 바뀌지 않는 한 국민통합이나 협치라는 구호가 공허한 것임을 모르지 않는다. 그러나 이러한 분열과 갈등의 최종 책임은 집권세력에게 따르는 것이 정치다. 선택의 열쇠는 윤 대통령의 손에 쥐어져 있다. 중도 민심의 지지를 포기하여 심판받는 정권으로 명맥을 이어갈 것인가, 다시 중도확장을 위한 노력을 기울여 내년 총선에서 다수당이 되고 안정적인 국정운영의 길로 가려 할 것인가. 누구보다도 윤 대통령이 선택해야 할 때이다.

윤 대통령 지지율 회복의 딜레마

취임 이후 1년도 되지 않아 한때 30%대 초반까지 추락했던 윤석열 대통령의 지지율이 지난해 화물연대 파업 사태 종료 이후 조금씩 회복되었다. 물론 20대 대선 득표율인 48.56%에는 훨씬 못 미치지만, 일단 40% 안팎까지는 올라왔다. 국정운영의 동력 상실을 가져올까 우려했던 바닥 상황은 일단 탈출한 것으로 보인다.

윤 대통령 지지율, 일단 바닥에서 탈출

화물연대 파업에 대한 강경한 대처에 이어 국민의힘 전당대회를 앞두고 경선룰의 갑작스러운 개정, 대통령의 경선 개입 논란이 불거진 시점에서도 윤 대통령의 지지율은 꺾이지 않고 그 정도 수준은 유지했다. 윤 대통령으로서는 여당과의 관계는 물론이고 국정운영 전반에 대해 최소한의 자신감은 갖게 되었을 법하다. 경선룰의 무리한 개정을 둘러싼 논란마저도 잠재우는 효과를 거두었기 때문이다. 그동안 윤 대통령의 지지율이 여당의 지지율을 계속 밑돌면서 '단지 정권교체 심리에 업혀 대통령이 되었다'는 세간의 평가가 적지 않았는데, 자력으로 지지율을 끌어올림으로써 국정운영의 중심이 자신임을 내세울 수 있게 된 셈이다.

한동안 지지율이 30%대 초반에 갇혀 있던 상황을 떠올리면 윤 대통령으로서는 안도의 한숨을 내쉴 법도 하게 되었다. 사실 지난해 가을 윤 대통령은 심각한 위기 상황을 맞았다. 지지율이 30%대 초반으로까지 추락한 상황에서 이태원 참사가 발생했다. 과거 세월호 참사 때의 경우 '정권책임론'이 확산되면서 리얼미터 조사에서 박근혜 대통령과 새누리당의 지지율이 일주일 만에 각각 6.8% 포인트와 4.7% 포인트 하락하기도 했다. 이태원 참사 직후 대통령실이 신속한 대응과 조치에 나서는 모습을 보인 것도, 자칫 세월호 참사 때와 같은 정권책임론이 불거지면 정권적 차원의 위기 상황이 될 수 있음을 의식했기 때문이었다.

그런데 막상 세월호 참사 때와는 달리, 이태원 참사에 대해서는 정권책임론의 강도는 비교적 약한 편으로 나타났다. 물론 야당과 유가족들은 참사에 대한 정권의 책임을 강하게 추궁하고 있지만, 전체적인 국민여론에서는 세월호 참사 때와는 다르게 받아들이는 흐름이다. 세월호 때는 정부가 제대로 구조하지 못하는 광경이 국민들이 실시간 생중계로 지켜보는 가운데 생생하게 전해진데 비해, 이태원 참사의 경우는 물론 관련 기관들의 대응이 취약했음은 드러났지만, 정권적 차원의 책임을 묻는 분위기로까지 치닫지는 않은 것으로 보인다.

'강한 리더십'의 효과가 지지율 반등 낳아

다수의 여론조사에서 윤 대통령의 지지율이 40% 안팎까지 회복한 배경으로는 '강한 리더십'에 대한 여론의 긍정적 반응을 들 수 있다. 윤 대통령의 지지율이 뚜렷한 상승의 흐름을 탄 시점은 화물연대의 총파업에 대해 정부가 사상 최초의 업무 개시 명령까지 발동하며 강경 대응에 들어간 무렵부터였다. 연례 행사처럼 되어버린 화물연대의 총파업에 대한 여론의 지형도 부정적인 기류가 팽배했다.

화물연대가 제시한 '안전운임제 영구화' 등의 요구 사항도 무리한 것으로 평가되면서 여론은 정부의 강경한 대응을 호의적으로 받아들이는 분위기였다. 결국 화물연대가 총파업을 자진 종료

하고 사실상 백기항복을 함으로써 윤 대통령의 강한 리더십이 돋보이는 결과를 낳게 된다. 일단 사회적 갈등과 혼란에 대한 정부의 단호한 대응을 바라는 층이 이 과정에서 결집함으로써 윤 대통령의 지지율을 끌어올린 것으로 해석된다.

화물연대의 총파업을 제압함으로써 사태를 해결함과 동시에 지지율까지 끌어올린 윤 대통령으로서는 대통령과 정부의 권한을 강력하게 행사하는 강한 리더십에 매력을 느꼈을 법하다. 법과 원칙을 앞세운 강력한 국정운영 방식은 앞으로 정부가 구상하는 '노동개혁' 등 다방면에 걸쳐서 영향을 미치게 될 것으로 예상된다. 물론 국회에서는 야당에 비해 수적으로 절대 열세를 면하지 못하고 있지만, 일단은 대통령이 자신에게 부여된 권한과 힘을 최대한 행사함으로써 국정운영의 주도권을 쥐고 가려는 모습이 이어질 것으로 보인다.

민주당 소속 정치인들에 대한 일련의 수사와 사법처리에서도 마찬가지의 기류를 읽을 수 있다. 문재인 정부 시절 '서해 공무원 피살' 의혹을 수사한 검찰은 서훈 전 청와대 국가안보실장을 구속하면서 지난 정부 고위급 인사들에 대한 수사를 본격화했다. 노영민 전 대통령 비서실장도 이 사건과 관련하여 피고발인 신분으로 소환 조사를 받았다. 노웅래 민주당 의원 등 야당 정치인들에 대한 수사와 기소도 계속되고 있다. 이재명 대표에 한 체포동의안은 민주당 의원들의 반대 표로 부결되었지만, 사법처리와 재판의 과정은 어떤 식으로든 계속될 것이다. 윤석열 정부는 법치를 구현하는 강력한 리더십이 국정운영의 주도권을 장악하는 동시에 국민의 지지를 회복하는 길이라고 판단했을 가능성이 커 보인다.

중도성 상실한
보수편향의 노선은 위험

하지만 그 와중에 민심에 어긋나는 집권세력의 모습도 이어졌다. 3·8 전당대회를 앞두고 국민의힘이 경선룰을 갑작스럽게 바꾼 것은 여당의 변화를 바라던 민심과는 다른 선택이었다. 물론 유승민 전 의원 같은 사실상의 '반윤' 인사가 당 대표가 되는 최악의 상황을 우려하는 여권 핵심의 생각은 이해할 수 있다. 그렇지 않아도 국회에서는 여전히 민주당이 갖고 있는 의석 수의 벽을 넘지 못해 무엇 하나 마음대로 할 수 없는 것이 국민의힘의 처지이다. 그런 마당에 사사건건 윤 대통령과 대립각을 세우는 인물이 여당의 대표가 되는 사태는 상상하기 어려웠을 것이다. 하지만 아무리 다급해도 '갑자기 골대를 옮기는 것'이라는 소리를 들으면서까지 18년 동안 유지된 경선룰을 하루아침에 바꾸는 모습이 정상적으로 보일 수는 없다.

더구나 그런 극단적인 룰 개정의 배경에 '윤심'이 있었던 점은, 대통령과 민심 사이에서 가교 역할을 해야 할 여당의 역할을 스스로 부정하는 모습이었다. 윤석열 대통령이 사석에서 '전당대회 룰을 변경할 거면 (당원투표 비중을) 100%로 하는 게 낫지 않겠냐' 는 취지의 발언을 했다는 언론 보도가 나왔고, 대통령실은 이를 굳이 부인하지 않았다. 윤 대통령의 뜻에 맞추어 골대를 옮기면서까지 '친윤' 당 대표를 세우려는 모습이 되고 만 것이다.

국민여론조사가 30% 반영된 기존의 경선룰은 당심에만 갇히지 않고 민심을 반영할 수 있다는 점에서 보수정당의 좁은 울타리를 넘어서는 의미를 갖고 있었다. 그런데 이를 '당원 100%'로 바꿔놓으면 민심이 반영될 통로는 사라지게 된다. 이는 보수정당이 여전히 확보해야 할 중도확장성을 포기하고 보수 편향의 당으로 다시 되돌아갈 위험을 키우게 된다.

그동안 보수정당의 역사를 돌아보면 극단적인 보수 편향의 정당의 모습에서 벗어나 중도층의 지지를 얻는 당으로 변해야 한다는 자각에 이르는 데 오랜 시간이 걸렸다. 특히 '박근혜 전 대통령 탄핵'과 21대 총선 참패를 연이어 겪은 보수정당은 이제 중도성이 강화된 새로운 보수의 길을 가야 한다는 결론에 이르렀다. 지난해 대선에서 국민의힘에 의한 정권교체가 가능했던 것도, 중도성이 강화된 길을 선택했던 그간의 노력이 거둔 결과이기도 했다. 그런데 이제 와서 민심의 반영을 포기하고 오직 보수정당 내부 당원들의 의사로만 당 지도부를 선출하겠다는 것은 퇴행적인 선택이었다. 그것은 '유승민 잡자고 보수정당의 초가삼

간을 태우는' 것과 다를 바 없는 일이었다. 그렇게 해서 유승민은 잡는다 한들, '보수회귀당'으로 돌아가는 문제는 어떻게 해결할 것인지에 대한 의문을 낳게 만든다.

윤석열 정부와 국민의힘이 보수화 노선만 고집한다면 불과 1~2년 후도 내다보지 못하는 단견이 될 수밖에 없다. 지금 당장은 보수층의 결집을 통한 지지율 반등 효과가 나타나고 있지만, 중도층으로까지 지지 기반이 확장되지 못한다면 결국 진영만의 결집에 그치게 될 것이다. 당장 내년 4월에는 22대 총선이 있다. 우리 정치에서 모든 선거는 중도층에 의해 승부가 좌우됨은 불변의 진리이다. 2020년의 21대 총선에서 국민의힘의 전신인 미래통합당이 참패했던 데는 당시 잇따른 막말들로 '미래'도 '통합'도 없는 당으로 인식되면서 중도층의 이반을 낳았던 점을 큰 원인으로 꼽을 수 있다.

반면 그 이후에 치러진 2021년의 보궐선거와 2022년의 대통령선거-지방선거에서 보수정당이 계속 승리를 거둔 것은 민주당에게서 등 돌린 중도층을 흡수한 결과였다. 박근혜 전 대통령 탄핵 이후 궤멸되다시피 했던 보수정당은 중도 강화 노선을 통해 외연을 확장하는 것만이 살 길임을 자각하고 그런 방향으로 노력을 경주해왔다. 근래 들어 과거와는 달리 극단적인 발언들이 민주당에서 주로 쏟아져 나오고, 보수정당 쪽에서는 설화가 상대적으로 줄어든 현상도 중도성 강화를 위해 말조심, 몸조심을 해온 결과였다고 할 수 있다.

강경 보수 노선 아닌
중도성 견지해야 외연 확장 가능

그런 점에서 여권세력의 보수회귀 조짐은 지난 몇 년 간 보수정당이 와신상담하며 재기했던 성과를 다시 원점으로 돌리는 패착이 될 위험이 크다. 일시적인 지지율 반등 효과에 고무되어 소통과 협치 보다 강경한 보수화 노선의 길로 들어선다면 그 약효는 오래가지 못할 것이다. 중도층에 소구력이 없는 '친윤 당대표 만들기' 같은 행태, 그리고 매력 없는 과거회귀 노선을 반복한다면 다음 총선에서 중도확장성을 확보하여 승리를 기대하는 것은 무망한 일이 되기 쉽다.

결국 총선에 임박해서야 중도층의 지지를 얻지 못하면 필패라는 뒤늦은 판단 속에 민주당과 중도화 경쟁을 다시 벌이는 오락가락 행보를 되풀이할 것이 불을 보듯 뻔하다. 평소에 중도층의 마음을 얻을 수 있는 정치를 해서 확장된 외연을 가진 정치세력으로 자리하면 될 일이다. 지난날의 교훈을 다 망각하고 과거회귀의 길을 가다가 다시 선거에 임박해서야 정신 차리는 모습이 되풀이될 것이 눈에 보인다.

지난해 하반기 이래로 윤석열 정부가 걸고 있는 강경한 국정운영 드라이브의 배경에는 '강한 리더십'이 가져다준 지지율 상승 효과의 매력 때문임을 읽을 수 있다. 그러나 윤 대통령의 지지율 상승은 당장에는 국정운영의 동력을 살려주는 약으로 생각되겠지만, 2024년 총선까지 내다본다면 독이 될 위험도 크다. 윤 대통령의 강경 드라이브에 대한 보수층의 결집을 통해 40%대 초반까지의 반등은 가능했지만, 그 이상의 탄력이 붙기는 쉽지 않은 일이기 때문이다. 결국 다수의 국민들이 원하는 것은 힘의 통치를 앞세운 강경 일변도의 정부가 아닌, 더 많은 국민을 껴안는 포용적 정부임을 잊지 말아야 한다.

물론 지난 대선 이후로 민주당은 윤석열 정부를 '악의 세력'처럼 인식하며 정치가 아닌 전쟁을 벌여왔음을 익히 보아왔다. 그런 상황에서 협치니 포용이니 하는 말들이 연목구어緣木求魚와도 같은 일임을 모르지 않는다. 그러나 정부는 야당만이 아니라 국민을 보면서 나라를 운영해야 한다. 진영과 편을 가르지 않고 더 많은 국민들의 마음을 껴안을 수 있는 노력은 어떤 상황에서도 경주되어야 할 정부의 몫이다.

과거 보수정권들과의 차별화라는 숙제

윤석열 정부가 드러내고 있는 문제는 과거 실패했던 보수정권들과 차별화된 새로운 모습을 보이지 못하고 있는 점이다. 다들 알다시피 윤석열 정부는 특별히 자신이 잘한 것이 많아서 집권에 성공한 경우는 아니다. 문재인 정부 5년을 거치면서 민주당 정부의 진영정치와 내로남불 행태에 등 돌린 민심이 정권교체를 요구한 반사이익의 측면이 강했다.

그렇다면 윤석열 정부는 문재인 정부의 실패를 넘어서는 동시에 실패했던 이명박-박근혜 보수정권의 역사 또한 넘어서는 길을 갔어야 했다. 그러나 윤석열 정부의 인재풀에는 과거 보수정권 시절의 '그때 그 사람들'만이 넘쳤고, 여당인 국민의힘도 보수정권 실패에 책임이 있던 정치인들이 그대로 부활하는 낡은 질서를 보여주고 있다. 안토니오 그람시는 "낡은 것은 죽었지만 새것은 아직 태어나지 못했다"고 말했지만, 우리 정치에서는 낡은 것이 죽지도 않고 버젓이 건재해 있는 광경이 계속되고 있다. 그러니 새것이 잉태조차 되지 못하고 있다. 물론 야당도 마찬가지이지만 말이다.

그러니 정권의 보수성을 강화하고 강경한 힘에 의존하는 것이 활로가 아님을 윤석열 정부는 간과하고 있다. 윤 대통령이 가야 할 길은 힘에 의한 '통치'가 아니라, 사람들의 마음을 얻는 '정치'여야 한다. 윤 대통령의 일시적인 지지율 상승이 자기 생각에만 갇히게 만드는 '독'이 되지 않고, 겸허하게 성찰과 소통의 길로 가게 하는 '약'이 되기를 바란다.

윤 대통령의 '확전 각오',
전쟁 방지책은 숙제

"만일 여러분이 저들에게 양보하면, 저들은 여러분이 두려움 때문에 그것을 들어주었다고 생각하고서는, 즉시 다른 더 큰 무언가를 요구해 올 것입니다. 반면 여러분이 단호히 거절하면, 저들에게 우리를 동등하게 대해야 한다는 것을 분명히 하게 될 것입니다." (투키디데스 『펠로폰네소스 전쟁사』)

펠로폰네소스 동맹의 선전포고에 개전 문제를 논의하기 위해 소집된 아테네 민회에서 페리클레스가 했던 연설의 일부이다. 페리클레스는 한번 양보하기 시작하면 더 큰 것들을 양보하게 될 것이며, 아테네는 결국 선조들이 애써 지켜온 자유를 잃고 예속될 것이라 경고하며 아테네인들의 결연한 태도를 촉구했다.

북한의 도발에 따른 확전 불사 의지

한동안 윤석열 대통령이 한국의 페리클레스가 된 듯한 모습을 보였다. 지난해 북한의 탄도 미사일 발사, 무인기 침범 등의 도발이 잇따르면서 윤 대통령의 발언도 갈수록 수위가 올라갔다. 북한 무인기 침범 직후 윤 대통령은 "북한 무인기 1대에 우리는 2~3대를 올려보내라"고 지시했다. "확전의 각오로 임했다"는 것이 대통령실의 설명이었다. 그다음 날에는 "북한의 어떠한 도발에도 확실하게 응징 보복하라. 그것이 도발을 억제할 수 있는 가장 강력한 수단"이라며 "북한에 핵이 있다고 두려워하거나 주저해선 안 될 것"이라고 발언의 강도가 더해졌다. "다목적 임무를 수행하는 합동 드론부대를 창설하고 탐지가 어려운 소형 드론을 연내 대량 생산할 수 있는 체계를 구축하라"는 지시도 했다. 방어적 대응을 넘어 유사시 북한의 지휘부 및 주요 군사적 시설에 대한 공격 능력을 강화하기 위한 것으로 해석된다. 또 윤 대통령은 언론 인터뷰를 통해 "미국과 핵에 대한 공동 기획, 공동 연습 개념을 논의하고 있다"고 밝히기도 했다.

이러한 지시들에 대해 "윤 대통령이 북한의 도발에 대한 비례적 수준을 넘는 압도적 대응 능력을 대한민국 국군에 주문한 것"이라고 대통령실은 설명했다. 윤 대통령의 최근 일련의 발언과 지시들은 북한의 도발에 밀리는 일 없이, 북한보다 더 강한 무력으로 제압하겠다는 의지의 표현으로 해석된다. 북한의 무인기가 우리 비행금지구역까지 진입했던 사실이 뒤늦게 확인되면서 군은 물론이고 정부의 체면과 자존심에도 큰 상처를 입게 되었다. 윤 대통령의 대북 발언들이 계속 강경해지는 배경에는 상처받은 자존심의 회복 필요성도 있었을 것으로 짐작된다.

이런 가운데 정부가 최전방에 설치된 대북 확성기 시설 점검에 착수하고 방송 재개에 대한 법률 검토에 들어갔다는 소식도 전해졌다. 남북의 확성기 방송은 2018년 4월 판문점 선언에 따라 시설이 모두 철거되었고 현재까지 방송이 중단된 상태다. 북한은 과거부터 대북 확성기 방송에 대해 격한 반응을 보여왔다. 그래서 2015년 8월에 우리 군이 11년 만에 확성기 방송을 재개하자 확성기를 조준해 고사총 1발과 직사화기 3발을 발사하기도 했다.

만약 우리 군의 확성기 방송이 재개된다면 북한은 다시 조준 타격 등의 위협을 가하고 나설 가능성이 크다. 그런데 확성기 방송을 재개하려면 남북합의서의 효력이 정지되어야 법률적 문제를 피해갈 수 있다. 따라서 확성기 방송은 남북간 군사합의서의 효력정지라는 강경 카드와 맞물리는 일종의 패키지 조치가 될 가능성이 크다. 이미 윤석열 대통령은 "북한이 다시 우리 영토를 침범하는 도발을 일으키면 9·19 군사합의 효력 정지를 검토하라"고 국가안보실에 지시한 바 있다.

이제까지 설명한 윤 대통령의 '강 대 강' 의지에 대해 환영하는 사람들도 물론 적지 않다. 문재인 정부 시절 대북 유화 정책이 계속되었지만, 북한의 핵무기만 더욱 고도화되었을 뿐 북한 핵문제는 끝내 해결되지 못했다. 그래서 더 이상 북한에 끌려다니지 말고 단호하게 대응하라는 여론도 많은 편이다. 하지만 서울과 평양의 직선거리가 195㎞ 밖에 되지 않는 환경에서 남북 간의 확전 혹은 전면전은 한반도 전체의 재앙으로 이어질 수밖에 없다.

'자체 핵무장'은 미국 정부도 반대

그런가 하면 윤 대통령의 '자체 핵무장' 발언도 파장을 낳았다. 윤 대통령은 지난 1월 외교부·국방부 업무보고 마무리 발언에서 "문제가 더 심각해져서 대한민국에 전술핵을 배치한다든지 자체 핵을 보유할 수도 있다"면서 "만약 그렇게 된다면 우리 과학기술로 더 빠른 시일 내 우리도 (핵무기를) 가질 수 있을 것"이라고 말했다. 북한의 도발이 계속되면 우리가 자체 핵무장에 나설 수 있다는 얘기이다. "현실적으로 가능한 수단을 선택하는 게 중요하다"는 전제가 따르기는 했지만, 상당한 파장을 불러일으킬 발언일 수밖에 없다. 한국의 독자적인 핵무장을 거론한 대통령은 박정희 전 대통령 이후 수십 년 만에 처음이다.

대통령실은 "북핵 위협이 점점 고도화되는 상황에서 대통령의 단호한 의지를 천명한 것으로 이해해 달라", "핵확산금지조약NPT 체제를 준수한다는 대원칙에 변함이 없다"며 진화에 나섰지만, 대통령의 발언이라는 점에서 그렇게 간단한 문제일 수는 없다. 이제까지 한미 간에 유지되어온 '한반도 비핵화' 기조를 일거에 뒤집는 발언이기 때문이다.

당장 미국 정부가 사실상 반대 의사를 분명히 하고 나섰다. 존 커비 백악관 국가안보회의NSC 전략소통조정관은 브리핑에서 "조 바이든 미국 대통령은 한반도의 완전한 비핵화를 약속했고, 이는 변하지 않았다"고 말했다. "한국 정부가 핵 무기를 추구하는 것은 아니라는 점을 분명히 했다"고 환기시키기도 했다. 패트릭 라이더 국방부 대변인도 브리핑에서 "미국의 정책은 여전히 한반도의 완전한 비핵화에 초점이 맞춰져 있다"고 밝혔다. 미국 정부로서는 한국의 독자적 핵무장을 상상하지 않을 것이다.

도발은 억제하되
통제불능 상황은 막아야

만약 윤 대통령의 자체 핵무장 발언이 행동으로 옮겨진다면 당장 한반도 주변 정세의 불확실성이 고조될 것이다. 이미 핵무기를 보유하고 있는 북한은 차치하고라도, 미국의 반대는 물론 중국의 민감한 반발도 충분히 예상할 수 있다. 당장 미국의 월스트리트저널WSJ은 윤 대통령이 공개적으로 거론한 한국의 자체 핵무장론은 핵 군축 노력을 불안정하게 만들고 남북 간 긴장을 더욱 고조시킬 위험이 있다고 지적했다.

물론 윤 대통령의 발언에는 북한의 탄도미사일 발사, 무인기 침범 같은 잇따른 도발행위가 계기가 되었음을 모르지 않는다. 북한의 도발에 대해서는 철저한 대비가 있어야 함은 두말할 필요가 없다. 하지만 한반도 정세가 통제 불능의 상황으로 가는 일은 막아야 한다. 한반도의 상황이 최악의 파국, 그러니까 전쟁으로 치닫는 일이 없도록 상황을 관리하는 것은 정부가 놓쳐서는 안 될 책임이다. 북한의 도발에 대한 강력한 대응만을 의식하여 스스로 통제할 수 없는 상황을 만들어서는 안 된다. 특히 안보 문제에 관한 대통령의 발언은 그것이 미칠 영향을 고려하여 신중할 필요가 있다.

18세기를 살았던 철학자 칸트는 '추측해 본 인류 역사의 기원'이라는 글에서 이렇게 말했다.

"문명화된 민족을 위협하는 최고의 악은 전쟁이라는 사실을 우리는 인정해야만 한다. 그러나 실제의 전쟁보다는 오히려 미래의 전쟁에 대비한 지속적이면서 점점 더 증가하는 준비가 더욱 그러한 악의 근원이 된다. 국가의 모든 힘이 그것을 위해 사용되며, 좀 더 위대한 문화를 위해 쓰일 수도 있을 문화의 결실들도 그것을 위해 사용된다."

보수정부에서 있었던 남북대화의 돌파구

혹자는 북한이 계속 탄도미사일을 발사하면서 도발하고 있는데 고담준론만 말하고 있다고 반박할지 모른다. '확전 각오' 의지로 강력하게 대응하지 않으면 북한을 무슨 수로 제압하느냐고 반문할지도 모른다. 하지만 힘들더라도 그 방법을 찾으라고 정부가 존재하는 것이다.

보수정부가 집권하고 나면 남북관계가 긴장국면으로 가는 패턴이 지난 몇 개 정부를 거치면서 반복되어 왔다. 보수층의 대북 정서에 맞추어 대북 강경 정책을 펴는 것이 보수정부의 유일한 길로 여겨져왔다. 그래서 보수는 대북 강경 정책을 지지하고, 진보는 대북 유화 정책을 지지하는 구도가 형성되어 왔다. 물론 힘에는 힘을 보여줘야 할 필요가 있다. 그것이 전쟁 억지력임을 모르지 않는다.

·

하지만 우리 정치사를 돌아보면 '보수=대북 강경'의 등식이 항상 성립했던 것은 아님을 알 수 있다. 남북대화의 물꼬를 터서 7·4 남북공동성명이라는 역사적 결과물을 낳았던 것은 박정희 정부라는 보수 정부였고, 남북기본합의서와 한반도 비핵화 선언 채택으로 남북관계 개선의 디딤돌을 쌓은 것도 노태우 정부라는 보수정부였다. 남북관계는 보수냐 진보냐 하는 이분법에 따라 좌우될 것이 아님을 우리 정치사는 보여주고 있다. 예나 지금이나 북한의 위협과 도발 행위가 계속되고 있지만, 최악의 파국으로 치닫지 않도록 상황을 관리하는 것은 변함없는 정부의 책임이다.

노벨문학상 수상 작가 스베틀라나 알렉시예비치가 전쟁에 참전했던 여성들의 이야기를 모은 책 『전쟁은 여자의 얼굴을 하지 않았다』는 추악하고 잔인한 전쟁의 참상을 기록하고 있다. 그 끔찍한 기록을 통해 알렉시예비치가 남겼던 말은 "사람이 전쟁보다 귀하다"는 것이었다. 모든 전쟁은 이기고 지는 것에 관계없이 참혹하다. 이기는 전쟁을 생각할 것이 아니라 전쟁이 일어나지 않도록 관리하고 통제하는 것이 정부의 책임임을 잊지 말아 주기 바란다.

반지성주의 넘어서야 할 보수정부의 과제

윤석열 대통령이 지난해 5월 취임사에서 '반지성주의'의 문제를 화두로 제시했다. 그는 "반지성주의가 민주주의를 위기에 빠뜨리고 민주주의에 대한 믿음을 해치고 있다"고 지적했다. 더불어민주당 측에서는 자신들을 겨냥한 것이라고 발끈했지만, 반지성주의는 공론의 장에서는 이미 익숙한 용어다.

한국의 반지성주의에 대한 민주당의 책임

리처드 호프스태터는 『미국의 반지성주의』를 통해 1950년대 매카시즘의 광풍이 휘몰아친 미국 사회를 해부하며, 포퓰리즘과 결합한 반지성주의가 어떻게 민주적 가치를 무너뜨렸는지를 분석했다. 수전 제이코비도 『반지성주의 시대』에서 어째서 평범한 미국 보통 사람들이 트럼프를 지지하는가를 분석했다. 그는 탈진실과 가짜 뉴스, 정크 과학이 판치는 현실에서 탈진실post-truth 시대의 극복이라는 지식인들의 긴급한 과업을 강조했다. 국내에서도 문재인 정부 시절의 진영정치가 낳은 반지성주의 문제가 여러 논객들에 의해 꾸준히 제기되어 왔다. 극단으로 치달은 팬덤정치가 어떻게 이성과 합리를 밀어내고 반지성주의를 확산시키는가를 우리는 지켜봤다.

윤 대통령이 반지성주의를 비판하자 민주당의 박지현 당시 공동비대위원장은 "비판 세력을 반지성주의로 공격하려는 의도를 숨기지 않았다"며 반격했다. 주어가 없는 원론적인 말을 그렇게 받아들인 것을 보면서 '도둑이 제 발 저리다'는 말이 떠올랐다. 실제로 민주당은 그동안 김어준류의 진영 내 논객들과 팬덤층이 유포하는 온갖 음모론, 그리고 극단적 유튜버들이 뿌려대는 마타도어들에 의존하며 정치를 하고 선거를 치르는 모습을 보여왔다.

그랬던 민주당이기에 반지성주의 문제에 대해서는 입이 열 개라도 할 말이 없다. 윤석열 정부 측의 반지성주의적 사례들을 열거하기 이전에, 자기 진영 내의 반지성주의적 행태에 대해 성찰하는 태도를 보이는 것이 우선이다. 우리 정치사에서 민주주의를 선도해왔던 민주당이었지만, 언제부터인가 진영 내부의 반지성주의에 기대어 민주주의의 가치를 훼손하는 당사자가 되었다는 비판을 아프게 받아들일 일이다.

윤석열 정부도 반지성주의에서 자유롭지 않아

하지만 민주당의 책임이 크다고, 윤석열 정부와 국민의힘이 반지성주의 문제로부터 자유롭다는 얘기는 전혀 아니다. 물론 지난 대선을 치르면서 윤석열 대통령 부부는 반지성주의적 선동으로부터 상당한 피해와 상처를 입었던 것이 사실이다. 민주당과 팬덤층이 제기했던 수많은 의혹들 가운데는 대부분의 사안들은 사실 아님으로 판명되었다. 특히 김건희 여사를 겨냥했던 '쥴리'나 '동거설' 같은 마타도어는 우리 정치를 오염시키는 반지성주의적 행태라 할 만했다. 아마 윤 대통령이 취임사에서 반지성주의 문제를 거론한 데는, 자신이 대선을 치르면서 겪었던 일련의 상황에 대한 환멸과 분노 같은 마음이 작용했을 수 있다.

하지만 윤 대통령의 생각이 거기에서 그친다면 상대 진영의 반지성주의를 반면교사로 삼기는 어렵다. 상대방의 반지성주의를 비판하려면, 우리는 그럴 자격을 갖고 있는가를 먼저 성찰해야 국민의 공감과 신뢰를 얻을 수 있다. 그런데 그동안 윤석열 정부의 인사에서는 반지성주의에 대한 문제 제기를 스스로 무색하게 만드는 사례들이 적지 않았다.

반지성주의는 지성주의로 극복해야

단지 논란이 된 몇 사례들만 갖고 하는 얘기는 아니다. '서오남'(서울대 출신 50대 남성) 소리를 듣는 윤석열 정부의 초기 인사 전체에서 어떤 지성을 발견하기는 쉽지 않다. 지난해 5월 16일까지 실시된 차관급 이상, 대통령실 비서관급 이상 등 주요 인사 111명의 신상을 살펴보면, 남성이 93.7%나 되고, 서울대 출신이 45.9%에 이르는 것으로 나타난다. 이명박·박근혜 정부 청와대 출신도 43.2%나 된다. 대통령실은 '실력과 능력에 따른 인사'임을 내세우지만, 111명 가운데 6명만이 여성인 상황을 국민의 절반인 여성들은 대체 무슨 생각을 하며 받아들여야 할지 모르겠다.

반지성주의는 정치적 구호가 아니라 지성주의로 극복해야 한다. 윤 대통령도 반지성주의를 말하려면 자신과 자기 진영 내부에서 발견되는 반지성주의에 대해 엄격하고 단호한 태도를 견지해야 한다. 그것이 반지성주의를 비판할 수 있는 자격이다.

리처드 호프스태터는 이렇게 말했다. "우리는 가능한 한 지성에 의한 수술이라고 할 만한 끈질기고 섬세한 방법으로 선의의 충동에 기생하는 반지성주의를 잘라내야 한다." 반지성주의는 언제나 '선의'로 포장되어 있다. 그러니 그것을 잘라내는 것이 쉽지 않음을 우리는 경험으로 알고 있다. 여야, 보수와 진보를 불문하고 창궐하는 반지성주의를 물리치는 일은 우리 시민들의 몫이기도 하다. 거기에 무슨 진영과 정파의 구분이 필요하겠는가.

5

이성의 복권,
미래를 향한 정치

"우리는 지성을 간직해야 한다."

알베르 카뮈 「지성의 옹호」

'금태섭발 제3지대 신당'은 가능할까

22대 총선에서 제3지대 신당은 과연 가능할까. 총선정국이 다가오면서 '금태섭 신당'의 가능성 여부에 대한 관심이 회자되고 있다. 더불어민주당을 탈당했던 금태섭 전 의원은 얼마 전 "추석 전에 제3지대 깃발을 들어 올리겠다"며 신당 창당 의지를 공개적으로 밝혔다. "상대방을 악마화하는 적대적 공생 관계의 정치판을 깨야 한다"면서 "제3지대 세력이 이기는 것을 꼭 보여주고 싶다"는 것이 그의 소신이었다.

국민의힘-민주당 양비론, 늘어나는 부동층

현재의 정치환경에서 신당에 대한 회의적 시선도 의식한 듯, "반사이익과 정치혐오에만 기대지 않을 것"이라며 "지금 무당층은 과거와 다른 '학습된 무당층'"이라는 자신감을 내비치기도 했다. 금태섭발 신당의 실체가 어떤 것일지, 실제로 성사 가능할지 아직은 미지수이다. 그럼에도 금 전 의원이 공언한 신당에 대한 관심이 커지는 이유는 현재의 양당 정치에 대한 불신에 기인한다. 그것은 국민의힘과 더불어민주당을 향한 양비론이 커지면서 부동층이 증가하고 있는 정치환경이다.

이는 최근의 여론조사 결과들을 보면 공통적으로 발견할 수 있는 현상이다. JTBC가 윤석열 대통령 취임 1주년을 맞아 글로벌리서치에 의뢰해 전국 만 18세 이상 1,001명을 대상으로 5월 3~4일에 실시한 여론조사 결과가 있다. 이를 보면 지난 대선에 비해 무당층이 훨씬 늘어난 것으로 나타난다. 이 조사에서 정당 지지율은 국민의힘 35.8%, 더불어민주당 29%이었고, 지지하는 정당이 없거나 잘 모르겠다는 응답(무당층)은 26.9%를 기록했다. 무당층이 양당에 견줄 정도의 비율로 늘어난 것이다. 1년 전인 지난해 2월 28일~3월 1일 대선 직전에 실시한 여론조사에서는 무당층이 15.5%로 나타났었다. 대선 1주년을 맞아 지난 3월

5~6일에 실시했던 같은 여론조사에서는 무당층이 22.8%를 기록했다. 지난 대선 이후로 무당층의 비율이 계속 커지고 있음을 알 수 있다. (표본오차는 95% 신뢰수준에서 ±3.1% p)

한국갤럽이 5월 23~25일 전국 만 18세 이상 1천 명을 대상으로 조사한 결과에서도 무당층은 29%나 되는 것으로 나타났다. 정당 지지율에서 국민의힘이 36%, 더불어민주당이 31%를 각각 기록했으니 무당층의 비율이 역시 양당과 그리 큰 차이가 나지 않는다. (표본오차는 95% 신뢰수준에서 ±3.1% p. 이상 여론조사 결과들의 자세한 사항은 중앙선거여론조사심의위원회 홈페이지 참조) 올해 들어 한국갤럽이 실시한 여론조사 결과들을 보면 무당층의 비율은 20% 후반대에서 30% 전반대 사이를 꾸준히 유지하고 있다.

물론 선거가 멀리 있으면 무당층이 증가했다가 선거가 임박하면 다시 여야 양당에 대한 지지층이 늘어나는 것이 일반적인 패턴이다. 결국은 마음에 들지 않는 양당 가운데 막판에는 어느 쪽인가는 선택해야만 하는, 선택지가 별로 없는 우리의 정당 구도 때문이다. 그렇게 보면 살아있는 민심은 오히려 선거가 없는 시기에 있는 그대로 나타난다고 할 수 있다.

양당정치에 대한 불신, 신당 요구로 이어져

미래를 책임질 새로운 정치와 비전을 전혀 보여주지 못한 채 낡은 진흙탕 싸움만 계속하는 양당 정치에 대한 회의와 환멸은 갈수록 커지고 있다. 여당인 국민의힘과 야당인 민주당 가운데 어느 쪽의 책임이 더 큰가를 따지는 일조차 무의미해 보인다. 팬덤정치에 갇혀 극단주의로만 치달으며 자정 능력조차 상실한 민주당이 대안으로서의 신뢰를 얻기도 어려운 모습이다. 그렇다고 새로운 보수의 비전을 전혀 보여주지 못한 채 과거 실패했던 보수정치의 모습을 반복하고 있는 여권세력 또한 불신 받기는 마찬가지이다.

마치 누가 더 잘못하는가를 경쟁이라도 하는 듯한 여야 양당의 모습은 두 당을 넘어설 수 있는 새로운 정치세력에 대한 갈망으로 이어지게 된다. 금태섭 전 의원이 꺼낸 신당 얘기가 그 성사 가능성과는 상관없이 적지 않은 사람들의 관심을 끄는 이유이다. 지금의 정치환경에서 과연 신당이 만들어질 수 있겠는가, 신당이 만들어진들 다음 총선에서 성공할 수 있겠는가에 대한 의문은 남지만, 국민의 기대에 부응하는 신당이 요구된다는 점만은 많은 공감대를 이끌어낼 수 있는 지점임에 분명하다.

일단 신당을 제안한 금 전 의원의 정치 이력은 독특하다. 알다시피 그는 과거 안철수 의원과 정치를 함께 하며 2014년 제3신당 창당을 추진하다가 민주당의 전신인 새정치민주연합의 통합에 참여했다. 그 뒤 안철수 의원과는 정치적으로 불편해져서 결별하고 자신의 길을 가게 되어 민주당 소속으로 20대 국회의원을 지냈다. 그러나 금 전 의원은 공수처법 등의 처리 과정에서 당론과 다른 입장을 취했다는 이유로 21대 총선 공천을 받지 못한 채 경선에서 탈락하게 된다. 게다가 당의 징계까지 받게 되기에 이르자 탈당을 결행했던 소신파이다. 그 뒤로 적절한 정치적 역할을 찾지 못하던 금 전 의원은 지난 대선에서 국민의힘 윤석열 후보 선대위에 참여했지만, 김종인 위원장이 사퇴한 뒤 함께 물러났다. 그러니까 한때 정권교체를 위해 윤 후보 선대위에 몸을 실었지만 국민의힘 당원은 아니었던 경우다. 국민의힘이 대선을 거치면서 개혁적인 보수로 변화하는 모습을 보였다면 입당을 고려할 수도 있었겠지만, 금 전 의원으로서는 국민의힘으로 들어갈 명분을 발견하지 못했던 것 같다.

윤석열 정부도 중도정치는 뒷전

그래서 금태섭에게는 여야 양당 어느 쪽에도 몸을 담지 않은 정치적 방랑자 같은 시간이 계속될 수밖에 없었다. 중도층을 중심으로 그를 향해 생겨났던 정치적 기대에도 불구하고 금 전 의원의 정치적 역할은 오랜 시간 휴지기에 들어간 셈이었다. 윤석열 정부가 출범하고 나서 얼마간의 시간이 지난 이후 금 전 의원은 민주당뿐 아니라 윤석열 정부에 대해서도 주저 없는 비판을 하기 시작했다. 정치를 하지 못하는 대신 방송과 글을 통해서 윤

정부에 대한 실망과 쓴소리를 많이 하곤 했다. 금 전 의원이 이제 윤석열 정부나 국민의힘에 대한 미련을 접고 참여 가능성을 내려놓는 모습이었다.

이쩌면 금태섭 같은 전형적인 중도 성향의 정치인에게 손을 내밀고 끌어들이지 않은 것이 윤석열 정부와 국민의힘이라는 보수정치의 한계였는지도 모른다. 적어도 중도층의 지지를 얻는 확장성이 중요함을 인식하는 정치세력이라면 금 전 의원같이 새로운 사고를 가진 인물들을 끌어안는 것이 필요했다. 그러나 확고한 충성심으로 무장하지도 않고 내부 쓴소리도 잘하는 정치인을 굳이 함께할 필요가 있겠느냐는 속내를 윤석열 정부 집권세력에게서는 읽을 수 있었다. 여야 양당이 서로 약속이라도 한 듯이 변화의 의지를 전혀 보여주지 않는 현재의 정치지형에서 금 전 의원이 신당 창당의 길을 선택한 것은 명분적으로는 자연스러운 결론일 수 있다.

양당 정치에 식상한 사람들에게는 금태섭의 신당 얘기에 귀가 솔깃할 만도 하다. 당장 그와 가까웠던 김종인 전 국민의힘 비상대책위원장이 힘을 실어주고 나섰다. 김 전 위원장은 "국민이 국가가 당면 문제를 해결하지 못한다는 각성이 있으면 새로운 정치 세력이 등장할 가능성이 충분하다"고 반색했다. 금 전 의원이 제시한 '수도권 30석' 목표에 대해서도 "좋은 후보자들이 나오면 그 정도도 가능할 수 있다. 불가능하다고 생각할 필요가 없는 것"이라고 동조했다. 김 전 위원장은 또 "많은 젊은 세대가 합세할 수 있는 가능성이 있다"며 "양당 밖에 있는 새로운 세력도 있고, 경우에 따라 양당에서 빠져나와 합세할 사람도 있을 것"이라고 긍정적인 전망을 내놓았다. 과거 국민의힘 비대위원장도 맡았고 윤석열 후보 선대위원장도 맡았지만 윤석열 정부의 행보에 대해 쓴소리를 많이 해오던 김 전 위원장이었다. 그런 그가 신당 출현의 필요성에 많이 공감하는 입장을 취한 것이 눈길을 끈다.

신당 깃발에 모일 사람이 얼마나 될까

하지만 신당의 근본적 고민은 깃발을 들면 모여들 사람들이 얼마나 있겠는가라는 현실에 있다. 당장 금 전 의원이 신당 얘기를 꺼낸 이후 여야 정치인들의 반응이 그러하다. '윤핵관'들에 의해 축출되어 이제는 여권 내 비주류가 되었기에 신당 참여 여부에 관심을 모았던 이준석 전 국민의힘 대표는 "살면서 금 전 의원과 교류해 본 적 없기 때문에 앞서 나가는 이야기들"이라고 일축했다. "저는 하루빨리 국민의힘이 정상화돼 정신을 차리지 못하고 있는 반란군들을 빨리 제압하고 싶은 생각밖에 없다"는 것이 그의 얘기였다. 국민의힘의 정상화가 자신의 목표이지 신당은 선택치가 아니라는 의미였다. 다만 이 전 대표는 "내년 총선에서 노

원구에 출마하는 건 상수"라며 "여기서 누군가 변수를 만들려고 한다면 수동적이기보다 능동적으로 대처할 것"이라고 말하곤 한다. 만약 국민의힘에서 그를 공천 탈락시켜려는 움직임이 생겨날 경우라면 이 전 대표가 신당으로 출마할 가능성을 배제할 수는 없을 것이다.

마찬가지로 여권의 비주류가 된 유승민 전 의원도 "개인적으로 신당에 대해 관심이 없다"는 입장을 분명히 했다. "(신당은) 민심을 흡인할 수 있는 비전, 정책 등 매력이 있어야 한다"며 "그런 게 갖춰지지 않으면 신당이 성공할 가능성은 높지 않다고 본다"는 비관적인 전망을 내놓았다. "정말 죽음의 계곡을 함께 할 수 있는 굳은 의지, 저는 바른정당을 하면서 성공하지 못했다"며 "그리고 지난번 합당을 하면서 제가 그 책임을 지고 총선에서 불출마를 했다. 지금 다시 이야기가 나오는데, 솔직히 말해 정말 어지간한 의지와 비전과 매력, 이런 게 갖춰지지 않으면 성공하기가 쉽지 않다"고 회의적인 견해들을 밝혔다.

국민의힘을 중심으로 한 보수정당 내에서는 유승민 전 의원이 토로한 바른정당 실패의 역사에 대한 트라우마가 있다. 박근혜 전 대통령 탄핵에 참여했던 비박계 의원들은 새누리당을 탈당해서 2017년 1월에 바른정당을 출범시켰다. 개혁보수신당을 표방했던 바른정당의 목표는 낡은 보수정치의 주류세력을 새로운 보수세력으로 교체하는 것이었다. 박근혜 탄핵으로 보수정치세력이 궤멸 직전에 이르렀던 당시 상황에서 이는 분명 시대의 요구에 부합되는 길이었다. 바른정당의 출현은 보수정치세력의 분화를 가져오면서 보수정치의 재편에 대한 관심을 낳았다. 하지만 바른정당은 새누리당-자유한국당으로 이어지는 보수정당세력과 경쟁을 벌였으나 보수층의 주된 시선은 이들에게로 향하지 않았다. 결국 바른정당은 국민의당과의 합당을 통한 바른미래당의 실험도 했지만 성공을 거두지 못한 채 분열과 소멸의 길로 들어서고 말았다. 그리하여 결국은 자유한국당으로 흡수통합 되기에 이른다.

신당 실패 경험들이 남긴 트라우마

바른정당의 실패는 보수정치의 분열은 성공할 수 없다는 인식을 보수 진영의 정치인들에게 심어주었다. 또한 보수정치 내부에서의 새로운 시도들이 얼마나 어려운 일인가를 경험하게 만들었다. 그 결과 아무리 국민의힘의 한계에 비판적인 생각을 가진들, 감히 탈당하고 신당으로 출마할 모험을 엄두 내지 못하는 분위기를 낳게 된 것이다. 내년 총선에서 공천 받을 가능성이 없어서 다른 당 후보로 출마해야 할 경우를 제외한다면, 선제적으로 탈당을 하고 신당에 참여할 생각을 가진 국민의힘 정치인이 나타나기는 쉽지 않아 보인다.

민주당 쪽의 상황도 별반 다르지 않다. 민주당 소속인 이원욱 의원은 금태섭 전 의원이 추진하는 제3지대 신당 창당에 대해 "성공 가능성이 없다"고 단언했다. 이 의원은 "제가 거기 갈 이유도 없다"며 "저는 1997년 대통령선거 때 민주당에 들어와서 오로지 민주당만을 지켜온 사람이다. 오히려 민주당의 주인은 저라고 생각하고 있다"는 입장을 밝혔다. 이 의원은 이재명 대표에 대해 비판적인 비명계 의원이지만 당을 떠난다는 생각은 해본 적이 없음을 말하는 것이다. "지금은 양당 체제가 공고화돼 있다"며 "한국 정치사에서 제3당 추진을 여러 번 해왔는데 심지어 안철수 같은 국민적·대중적으로 지지를 많이 받는 분도 만들었는데 실패했다"는 것이 이 의원의 평가이다. 성공할 가능성이 없는 신당에 갈 민주당 의원이 누가 있겠냐는 것이다. 이 의원의 이 같은 전망은 대단히 현실적이다.

그가 말한대로 민주당에서도 탈당해서 신당에 참여할 의원을 찾기는 어려울 것이다. 총선을 앞두고 당을 옮긴다는 것은 정치생명을 건 일대 모험이다. 그런데 이제까지 당을 떠나서 당을 옮겼던 정치인의 결말이 좋았던 사례가 거의 없다. 대부분은 탈당을 했던 것을 후회하고 다시 원래 있었던 당으로 돌아가려고 했다. 과거 탈당해서 안철수 대표가 이끄는 국민의당에 참여했던 박지원 전 의원 등 호남 지역의 많은 정치인들이 결국에는 국민의당의 실패에 따라 민주당으로 복당을 시도했음은 우리가 지켜본 광경이다. 국민의힘에서는 바른정당으로 갔던 정치인들이 나중에 후회하며 돌아갔다면, 민주당에서는 국민의당으로 갔던 정치인들이 후회하며 돌아간 것이 우리 정당의 최근 역사이다. 과거에는 신당이 바람을 불러일으킬 것에 대한 정치인들의 기대가 있었다. 그런데 지금은 반복되는 실패의 경험을 목격하면서 기대보다는 회의가 압도하는 환경이 되어버린 것이다. 신당 창당 의사를 밝힌 금 전 의원도 아직까지 현역 의원 중 동참 의사를 밝힌 인물은 없다고 했다. "민주당 의원들은 당이 '개딸'에 휘둘리면서 다른 목소리를 내면 '수박(겉은 민주당, 속은 국민의힘)' 소리를 듣는다고 하고, 국민의힘 의원은 대통령실 기세에 눌려 침묵만 해야 하는 상황을 토로하더라"고 토로했다.

현역 의원들보다는 청년 세대의 신당 참여 가능성은 열려있는 것으로 보인다. 그 가운데는 지난해 10월에 김성식 전 의원 등이 주도하여 문을 연 '반전'(반성과 비전)이라는 정치학교 그룹이 있다. 김 전 의원이 운영위원장을 맡았고, 안병진 교수, 강원택 교수, 유승찬 스토리닷 대표, 이진순 와글 이사장, 안희철 변호사가 운영위원으로 참여했다. 이들은 기후 위기와 미·중 갈등, 불평등 심화와 정치 위기 등 대전환기 속에서 반성적 성찰과 미래 비전을 갖춘 선출직 인재를 양성한다는 목표를 갖고 출발했다. 1기에 선발된 34명 가운데는 박지현 전 민주당 비대위원장, 권지웅

전 민주당 비대위원 등 기존 정당에서 활동했던 청년 정치인들뿐 아니라 다양한 정당과 직업을 배경으로 한 청년들이 모였고, 얼마 전에 28명의 수료생을 배출했다. 그 가운데 10명가량은 내년 총선에 출마할 생각을 갖고 있는 것으로 전해진다. 물론 이들이 정치적으로 함께 행동할 것도 아니고, 특별한 지명도도 없기에 정치적 영향력에도 한계가 있다. 다만 기존 양당 정치의 식상한 모습에 비판적인 생각을 가진 청년 세대의 움직임이 활성화되는 것은 제3 지대의 토양을 가꾸는데 긍정적인 역할을 할 것으로 예상된다.

우리 정치에서 제3지대 신당에 대한 요구는 선거 때만 되면 등장하는 오랜 신기루 같은 것이기도 했다. 한국정치를 주도해온 여야 양당 정치는 대개는 국민의 비판과 불신을 받아왔다. 여도 야도 아닌 제3의 정당이 나타나 우리 정치를 새롭게 바꾸는 데 대한 갈망은 항상 존재해왔다. 그래서 선거 때만 되면 제3의 세력을 자임하는 정당이 나타나기도 했다. 그러나 그 모든 실험들이 결국에는 실패로 끝났던 경험은 정치인들로 하여금 제3지대 신당에 대한 트라우마를 갖게 만든 것이 사실이다.

특히 2016년 총선에서 등장했던 국민의당이 38석을 얻어 원내 제3당이 되는 기염을 토했지만 결국에는 공중분해되었던 경험의 영향은 상당히 크다. 당시 안철수 대표가 주도했던 국민의당은 새 정치를 내건 세력 이외에도 민주당 쪽에서 탈당한 호남

지역 정치인들이 대거 합세했다. 그 결과는 호남지역의 석권과 전국적으로 고른 득표를 통한 대약진이었다. 신생 국민의당이 일으킨 돌풍은 제3당에 대한 유권자들의 갈망을 담은 것으로 받아들여졌다.

그러나 안철수 대표의 대선 패배 이후 국민의당은 진로를 놓고 격한 내홍에 휩싸이게 되었다. 안철수 대표 등은 보수정당인 바른정당과 합당하여 바른미래당을 만들고, 호남지역을 중심으로 한 비안철수계 정치인들은 통합에 반대하며 민주평화당으로 갈라서게 된다. 그러나 두 세력의 실험은 모두 실패로 끝났다. 20대 총선에서 국민들이 38석을 만들어주며 제3의 정당에 힘을 실어주었건만, 정작 당사자들이 이를 원점으로 돌리는 정치를 해버리고 만 것이다. 그 과정은 제3의 정당을 표방했던 정치인들 또한 구 정치인들과 다를 바가 없다는 체념을 낳는 계기가 되고 말았다. 결과적으로 보면 국민의당의 실험이 일시적으로는 큰 성과를 거두었지만, 결국에는 제3 정당의 가능성에 오히려 찬물을 끼얹었다고도 할 수 있다.

다당제 정착 가능한 선거제도 개편이 절실

물론 제3지대 신당이 성공하려면 다당제가 정착할 수 있는 제도적인 개혁이 뒷받침되어야 한다. 현재와 같은 승자독식의 소선거구제에서는 국민의 다양한 요구를 대변할 수 있는 정당들의 원내 진출이 대단히 어렵다. 제3의 정당을 기대했던 유권자들도 선거 막판에 가면 자신의 표가 사표死票가 되는 것을 피하기 위해 거대 양당 가운데 어느 한쪽을 선택할 것을 강요받게 된다. 따라서 중대선거구제 도입을 비롯한 선거제도 개편은 우리 정치의 개혁을 위한 중대한 과제가 된 지 오래이다. 그러나 이에 대한 정치권의 논의는 지지부진하다.

내년 총선을 앞두고 국회 정치개혁특별위원회가 가동되어 왔지만 선거제도 개편안을 확정하지 못한 상태에서 여야의 대화도 중단된 상태다. 여야는 지난달 중순 김진표 국회의장 제안에 따라 국회의원 모두가 참여하는 전원위원회를 열고 정개특위가 마련한 3가지 결의안을 놓고 토론을 벌였지만 합의안을 도출하지 못했다. 이에 전원위에 소위원회를 구성하여 최종 압축안을 마련하고 이를 정개특위가 넘겨받아 의결하는 방안을 추진했지만 여야 간의 논의는 공전 상태이다. 여기에는 자신들의 기득권을 축소하는 방향으로의 변화에 소극적인 현역 국회의원들의 이기적 태도가 작용하고 있다. 현역 국회의원들의 입장에서는 자신들에게 유리한 현행 소선거구제를 개편하는 일에 선뜻 동의하고 싶지 않은 것이다.

금태섭 전 의원이 공언한 제3지대 신당은 우리 정치의 발전과 개혁을 위해 분명 정당한 방향이다. 국민의힘과 민주당이라는 거대 양당은 자신들의 변화를 사실상 포기하고 자기들끼리의 이전투구에만 매달리고 있다. 기대를 가질 한 새로운 정치인들도 더는 보이지 않고 미래에 대한 아무런 비전도 없는 정치만이 이어지고 있다. 제3지대 정당의 출현은 성공만 할 수 있다면 여전히 정치적으로 큰 의미를 갖는 일이다. 그러나 문제는 신당의 깃발 아래 모여서 성공시킬만한 세력화가 과연 가능하겠느냐 하는 데 있다. 그래도 누군가는 고양이 목에 방울을 달아야 한다면 일견 무모해 보이는 도전도 의미는 있을 것이다. 금태섭이 양당 정치라는 고양이 목에 달겠다고 방울을 들었는데, 그 방울 소리를 듣고 움직일 사람들이 얼마나 될지는 아직 유동적이다.

최근에는 무소속 양향자 의원이 창당 발기인대회를 열고 신당 창당 작업에 나섰다. "국민이 바라는 정치, 시대를 이끄는 정치, 싸우지 않고 대화하는 정치, 내 삶을 바꾸는 정치"라는 비전을 제시한 신당의 이름은 '한국의 희망'이다. 양 의원은 2020년 21대 총선에서 민주당 소속으로 국회의원에 당선되었지만 2021년 7월 보좌진의 성 추문으로 민주당을 탈당했다가 연말께 복당을 신청했었다. 그러나 민주당의 '검수완박' 법안 추진에 공개적으로 반대하는 소신을 지키다가 결국 민주당과의 갈등으로 복당 신청을 철회했던 전력이 있다. 양 의원의 경우도 민주당과는 등을 돌렸지만 광주가 지역구인지라 국민의힘으로의 이동도 쉽지 않은 경우이다. 그래서 양당정치에 마음이 떠나서 제3지대 신당을 창당한 것인데, 금태섭 전 의원이 제안한 신당과는 별개의 것으로 알려져있다. 다만 앞으로 제3지대 신당이 추진되는 과정에서 여러 세력과 인물들이 한데 모일 가능성은 열려 있다. 제3지대 신당의 움직임이 찻잔속 태풍으로 끝날지 아니면 22대 총선의 상당한 변수가 될지 지켜볼 일이다.

김어준의 호언장담이 가능한 팬덤정치

나치 치하의 정치적 무관심

국내에도 번역이 되어 출간되었던 『어느 독일인의 삶』이라는 책은 나치의 선전장관 요제프 괴벨스의 비서로 일했던 브룬힐데 폼젤의 인터뷰를 담고 있었다. 폼젤은 1942년부터 1945년까지 제국 선전부 소속으로 괴벨스의 속기 타자수 겸 비서로 일했다. 그런 그녀가 70년 동안 침묵하다가 쏟아낸 말들은 뻔뻔하다는 생각이 들 정도로 거리낌이 없었다.

"자신이 맡은 일에서 어떻게든 잘해 보려고 노력하는 것이 그렇게 잘못되고 이기적인 일인가요?" "그건 내 책임이 아니에요. 난 아무것도 하지 않았고, 내가 잘못한 것 같은 느낌도 없어요." "다들 처리해야 할 일들이 있었어요. 사죄할 일들이 아니라고 생각해요."

자신의 정치적 무관심과 이기심을 적나라하게 토로한 폼젤의 회고는 한나 아렌트의 기록물 '예루살렘의 아이히만'을 떠올리게 한다. 폼젤이나 아이히만에게서 우리가 본 것은 홀로코스트의 야만에 대해서도 무관심하거나 무사유無思惟할 수 있는 인간의 모습이었다. 폼젤의 증언을 책으로 엮은 토레 한젠은 "우리는 이대로 비겁하게 숨을 것인가"라며 폼젤 같은 정치적 무관심을 질타한다. 아이히만의 '무사유'를 말했던 한나 아렌트 또한 "정치적인 것의 부활, 정치적 사유와 실천 능력의 복원이 인간다운 삶의 조건"(『인간의 조건』)이라고 했다. 정치적 무관심과 무사유에서 벗어나 '정치적 삶'을 살아야 우리가 '새로운 시작'을 할 수 있다는 것이 이들의 목소리였다.

김어준의 건재함이 의미하는 것

그런데 오늘 우리의 환경은 크게 변화했다. 누구나 손에 쥔 휴대폰으로 뉴스를 접하고 있는 시대다. 연령을 불문하고 뉴스와 정치 유튜브 방송들의 소비자가 됐다. 누구를 지지하고 반대하든 저마다의 정치적 견해들이 차고 넘친다. 과잉정치화의 분위기마저 읽히는 우리 사회에서는 이제 정치 무관심층의 문제보다 정치 고관심층의 문제가 한결 도드라져 보인다. 정치 무관심층은 차라리 조용하지만, 정치 고관심층이 진영논리에 포섭되면 온 사회를 휘젓는 비이성적 팬덤정치의 주인공들이 되기 때문이다.

끊임없이 음모론과 편향방송 논란을 빚었던 김어준씨의 건재함이 이를 상징한다. 김씨는 지난 연말 TBS 라디오 '김어준의 뉴스공장'에서 하차했지만 대신 새 유튜브 방송을 시작했다. 그가 하고 있는 '김어준의 겸손은 힘들다 뉴스공장'의 구독자 수는 현재 131만 명을 넘어섰다. 그가 어디서 방송을 하든 따라다니면서 듣는 팬덤층이 그 정도는 된다는 얘기이다. 그런 지지층을 믿는 김어준씨는 TBS에서 고별 방송을 하면서 "3년 6개월 후에 다시 돌아온다"고 호언장담했다. 차기 서울시장 선거에서 현 여당세력이 패하면 복귀하겠다는 의미다. 뭐 이런 경우가 있나 싶었다. 시민의 세금으로 운영되는 방송이 김씨 개인과 특정 정파의 무슨 주머니 속 장난감이라도 되는 것인가. 김씨의 그런 오만방자한 말이 공영방송을 통해 버젓이 나갈 수 있었던 상황은 김씨가 무슨 음모론을 설파하든 철석같이 신봉하는 극성 팬덤들이 뒤에서 받쳐 주고 있기 때문이다.

악마 만들기와 정치는 양립할 수 없다

과연 모든 '정치적 삶'은 좋은 것일까. 어떤 정치적 삶이 인간으로서의 교양이나 예의와 충돌할 때 우리는 어떤 선택을 해야 하는 것일까. 한나 아렌트가 우리에게 주문했던 정치적 삶은 '세계 사랑Amor mundi'을 실현하자는 것이었다.

하지만 오늘 한국 정치에서 목격되는 정치적 삶은 '교주 사랑'으로 변질돼 과잉 정치화된 팬덤층을 양산해 왔다. 팬덤정치의 해악은 자기편을 절대선으로, 상대편을 절대악으로 생각하는 선악의 이분법을 낳는다. 그래서 상대를 어떻게든 악마로 만들어 정의로운 성전聖戰을 목숨 걸고 치른다. 악마 만들기와 정치는 양립할 수 없다. '악마 만들기'의 저주를 땅속에 묻어야 그 무덤 위에서 정치의 꽃이 필 수 있다. 정치가 사라져 버린 시대, 증오의 늪에서 헤어나온 정치의 복원을 기다린다.

광화문 광장을 바라보는 두 개의 자유

휴일 광화문 광장의 한가로움

어느 일요일 오후 세종문화회관에서 공연을 보기 위해 광화문에 갔다. 공사를 끝내고 새 모습을 드러낸 광화문 광장은 휴일 오후 분위기에 걸맞게 한가롭고 고요했다. 잘만 운영하면 시민들의 쾌적한 여가와 문화생활을 위한 명소가 될 것 같은 기대가 생겨났다. 광화문 광장을 걸으면서 그런 한가로운 생각을 가질 수 있었던 것은, 일요일이라 주변에서 집회와 시위가 없었기 때문이기도 했던 것 같다.

서울 세종로 일대에서는 주말이면 각종 집회들이 열리곤 한다. 진보 진영에서는 '윤석열 퇴진-김건희 특검'을 내건 집회가 수개월째 토요일마다 열리고 있다. 이에 맞서 전광훈 목사 등이 주도하는 보수단체들의 맞불 집회가 '문재인-이재명 구속'을 요구하며 역시 토요일마다 경쟁적으로 개최된다. 민주노총을 비롯한 노동계의 집회도 주말에 자주 열리곤 한다. 이태원 참사가 발생했던 삼각지, 대통령실이 있는 용산 일대에서도 크고 작은 집회들이 계속된다.

정권의 '퇴진'과 '수호'
집회에 밀려난 시민의 일상

이러다 보니 서울 도심 곳곳에서는 주말이면 교통체증으로 시민들이 불편을 겪고 있다. 민주냐 독재냐를 결판내야 했던 시절이었다면 그런 불편쯤이야 감수하는 것이 시민들의 자세였을 것이다. 하지만 여전히 선과 악 사이에서 사생결단을 내야 할 시절을 우리가 살고 있다고는 생각되지 않는다. 더구나 집회의 대부분은 약자들의 절박한 생존권 때문도 아니고, 정치에 목맨 사람들의 습관적인 집회들이기에 보통의 시민들이 온갖 불편을 인내해야 할 이유를 찾기도 어렵다.

이런 얘기를 하는 필자 또한 평생 각종 집회에 열성적으로 참여했던 시민의 한 사람이었다. 그 시절 머릿속에 우선했던 것은 '집회와 시위의 자유'에 대한 신념이었다. 천부적 권리인 집회와 시위의 자유는 다른 무엇에 우선해서 보장되어야 한다는 믿음을 갖고 있었다. 그런데 이제 '광장'을 바라보는 생각들이 많이 바뀌게 되었다. 누가 이기고 지냐 하는 것에 우리의 행복이 좌우되지 않더라는, 그러니 누가 이기고 지냐 하는 것이 생각만큼 중요하지 않더라는 세월의 가르침 때문이었다. 정권의 '퇴진'과 '수호'의 대결이 시민들의 일상을 흔들어 놓아도 될 만큼 절박한 문제이던 시대는 이제 지나갔다.

생각이 다르고 이해관계가 다른 사람들이 모여 사는 사회에서 갈등은 필연적이고 각자의 요구는 어떤 방식으로든 표현되는 것이 필요하다. 그런데 모든 사람들이 하나의 요구에 결박되어 있는 것은 아니다. 그런 투쟁들과는 무관하게 각자 자신의 행복을 위해 살아가는 사람들의 삶도 존중받아야 할 이유는 충분하다.

요즘 서울 도심의 차로를 점거하며 집회를 하는 사람들의 숫자는, 주최 측의 부풀려진 주장과는 달리, 많아야 수만 명이었고 근래에는 수천 명을 넘지 못한다. 4,500만명에 달하는 유권자들 숫자에 비하면 아무런 대표성을 갖지 못하는 참여자들이다. 대부분이 각 진영의 극단에 서있는 사람들이다. 그럼에도 이들에게 주말마다 서울 도심을 차지할 권리가 부여되고 뉴스거리가 되는 것은 과잉 대표화된 결과다. 그 공간을 향유할 권리를 마찬가지로 갖고 있는 대다수 시민들에게는, 어째서 자신들이 이런 소음과 불편을 감수해야 하는지를 납득하기 어려운 상황이 계속된다.

소음을 원하지 않는 시민의 생각도 존중되어야

집회와 시위의 허가 여부를 둘러싼 갈등은 예나 지금이나 마찬가지이다. 근래에는 경찰이 금지했던 집회·시위를 법원이 뒤집어 '부활'시키는 경우가 많이 생겨나기도 한다. 법원의 판결도 그런 취지라고 짐작되지만, 민주주의를 하는 사회에서 자유를 규제하는 일은 대단히 신중할 필요가 있다. 하지만 그런 판단은 소음이 되어버린 구호를 원하지 않는 시민들의 생각도 존중되는 가운데 조화롭게 내려질 필요 또한 있다.

보통의 시민들에게는 하나도 절박하지 않은 '퇴진'과 '수호'의 외침을 주말마다 시민들이 불편을 감수하고 인내해야 하는 상황은 상식적이지 않다. 과잉 정치화된 일부 집단들에 의해 시민들의 거리와 공간이 무한정 독차지되는 것은 민주주의의 지향에도 부합되지 않는다. 사회 속의 다양한 목소리들은 존중되고 경청되어야 하지만, 그렇다고 누구도 광장을 독점할 권리는 없다.

서울 길의 고즈넉함이 지켜지기를 바라는 마음

얼마 전 서울의 길을 오랜 시간 걸었다. 연세대에서 출발하여 안산을 거쳐 인왕산에 올랐다가 삼청동과 경복궁을 거쳐 인사동까지 몇 시간을 걸었다. 참 고즈넉하고 아름다운 길이었다. 이렇게 걸을 수 있는 좋은 길이 우리 가까이 있음이 고마웠다. 서울 길의 그런 고즈넉함이 깨지지 말았으면 하는 바람이 절로 생겨났다.

정권을 하루빨리 퇴진시켜야 나라를 구할 수 있는데 이 무슨 한가로운 소리냐고 화낼 사람들도 있을 것이다. 정반대로, 좌파들의 선동을 막고 체제를 수호해야 하는데 지켜만 보란 말이냐고 할 사람들도 있을 것이다. 이들은 함께 모여서 외칠 자유를 요구한다. 그러나 지금 우리가 보는 광장은 '시민들이 함께 걸어나가는 거리'(리베카 솔닛)가 아니다. 그들이 모여있는 거리의 건너편에는 마찬가지로 존중받아야 할 또 다른 자유도 있음을 잊어서는 안 된다. 소음이 되어버린 구호들을 듣고 싶지 않은 자유도 보장되어야 한다. 그것이 함께 살아가는 공동체의 새로운 윤리가 돼야 한다고 믿는다.

'윤석열차' 풍자를 어떻게 볼 것인가

표현의 자유에 경계선은 있는가

2015년 파리에서는 이슬람교 예언자 무함마드를 조롱하는 만평을 게재한 〈샤를리 에브도〉를 겨냥한 테러가 발생했다. 참사가 발생하자 수십만의 시민들이 거리를 행진하며 "내가 샤를리다"를 외치며 테러를 규탄하고 표현의 자유를 지지했다. 처음에는 혐오 만평을 우려했던 마크롱 대통령도 결국 "프랑스에는 신성 모독의 자유가 있다"며 표현의 자유를 옹호했다.

하지만 다른 한편에서는 〈샤를리 에브도〉의 거듭되는 모욕 풍자에 대한 지적도 있었다. 아우렐리안 몽동 교수는 "최근 프랑스에서는 유독 소외 계층인 이슬람을 비판하고 공격하는 풍자가 잦은데, 이런 혐오·모욕 발언을 프랑스의 정체성으로 봐서는 안 된다"고 주장했다. 풍자와 표현의 자유에 경계선이 존재하는가는 늘 뜨거운 논쟁거리였다. 2017년에는 국회의원 회관에서 열린 전시회에 박근혜 당시 대통령을 나체로 그리며 풍자한 그림이 걸려 여론의 거센 비판을 받은 일도 있었다.

고교생이 그린 '윤석열차' 만화

얼마 전 고교생이 그린 풍자만화 '윤석열차'가 정치적 논란거리로 비화했다. 이 만화에는 기차의 얼굴에 윤석열 대통령, 조종석에는 김건희 여사를 그려 넣었다. 뒤 칸에는 검사들이 손에 칼을 쥐고 탑승해 있다. 그리고 질주하는 기차 앞에는 혼비백산한 사람들이 몸을 피하고 있다. 윤 대통령 부부가 운전하고 살의를 가진 검사들이 함께 탄 정권이 시민들을 공포로 몰며 질주하는 광경이다.

이에 문화체육관광부가 주최자인 한국만화영상진흥원에 '엄중 경고'하고 '조치'를 거론하며 나섰다. 이에 더불어민주당은 문체부의 조치가 표현의 자유 침해에 해당한다며 국가인권위원회에 진정서를 냈다. 웹툰협회도 표현의 자유를 부정하고 있다며 반발했다. 사회적으로도 이 만화와 문체부의 조치를 둘러싸고 서로 다른 의견들이 충돌하는 모습이다.

일단 문체부가 나서서 '경고'와 '조치'의 얘기를 꺼낸 것은 적절해 보이지 않는다. 고교생의 만화라고 해서 정치적인 주제를 다뤄서는 안 된다는 법은 없다. 물론 문제의 만화와 그에 상을 준 일에 대해서는 사회적으로 서로 다른 여러 의견이 제기될 수 있다. 하지만 그것은 공론의 장에 맡길 일이다. 정부가 직접 개입하여 표현의 금지선을 긋는 것은 표현의 자유를 억압한다는 비판을 낳기 마련이다. 문체부의 대응은 너무도 구시대적인 방식이다.

혐오 표현이 상까지 받을 일은 아냐

하지만 이 얘기가, 논란이 된 작품의 수상 사실까지 아무런 문제가 없다는 의미는 아니다. 문제는 고교생이 정치를 주제로 한 그림을 그렸다는 데 있는 것이 아니라, 그 만화가 증오와 혐오를 담은 내용의 것이었다는 데 있다. 정치적 견해나 편이 다르다고 해서 상대를 악마처럼 표현하는 것은 증오와 저주로 점철된 우리 정치의 악습이다. 그렇지 않아도 진영논리에 갇힌 일부 장년층 만화가들의 과도한 혐오 표현에 눈살을 찌푸리며 불편해하는 사람들이 많다. 자라나는 청소년 세대가 그런 혐오적 표현들이 정치적 풍자의 본령인 것으로 착각할까 무섭다. 고교생이라고 정치만화를 그려서는 안 된다고 차별받아서도 안 되지만, 혐오 표현의 그림이 고교생이라는 이유로 칭찬받고 상 받을 일도 아니다.

그 고교생은 다른 만평들을 모방하여 별다른 문제의식 없이 혐오 표현을 따라했는지 모르겠다. 하지만 기성세대가, 우리는 이 꼴이 되었어도 너희는 닮지 말라고 하지는 못할망정, 증오의 심성을 따라하는 청소년들에게 상까지 주며 격려하는 것은 온당하지 않다. 그렇지 않아도 끝없는 증오와 저주의 정치로 나라가 몸살을 앓고 있다. 대를 이어가며 권장할 일은 아니다.

정리하자. 고교생도 정치풍자 만화를 그릴 자유가 있다. 그렇다고 정부가 나서서 경고장을 날리는 광경은 구시대적이다. 하지만 증오와 혐오가 담긴 만화에 상까지 준 것은 잘못이다. 대개 진실은 각자가 보고 싶은 것 너머 어디쯤엔가 있곤 하다. 이 논란의 경우도 그러하다.

증오와 혐오만 가득 찬 가짜 풍자

소크라테스에 대한 브레히트의 인간적 풍자

브레히트의 희곡 『부상당한 소크라테스』는 무척 재미있는 풍자물이다. 이 작품에서 소크라테스는 자존을 위해 독배를 들던 모습은 간데없고, 전쟁터에서 도망가려고 잔꾀만 부리는 비루한 철학자로 묘사된다. 적군이 오자 소크라테스는 삼십육계 줄행랑을 치다가 선인장 가시에 발을 찔린다. 놀란 그는 적군을 향해 얼떨결에 고래고래 고함을 지른다.

그 얘기를 잘못 전해 들은 아테네 시민들은 소크라테스가 적군에 맞서 호통을 쳤다며 영웅적인 행동을 칭송한다. 소크라테스는 차마 사실을 고백하지 못하다가 나중에야 알키비아데스와 크산티페 앞에서 자신의 비겁한 행동을 실토한다. 브레히트에게 중요한 것은 영웅적 철학자의 모습으로 꾸미는 것이 아니라, 전쟁의 이데올로기에 이용당하지 않고 살아남기 위해 도주하는 인간의 모습을 그려내는 일이었다. 이런 풍자는 사실적이기에 인간적이다.

백이와 숙제의 전설을 무너뜨린 루쉰의 풍자

루쉰은 단편 '고사리를 캔 이야기'에서 절개와 지조의 인물 백이와 숙제를 우스꽝스러운 인물로 만들어 버린다. 주나라 왕 아래에서는 살 수 없다고 생각한 두 사람이지만, 애당초 굶어 죽을 생각은 없었다. 그래서 고사리가 많이 나는 곳을 악착같이 찾아간 것이 수양산이다. 주나라의 곡식은 먹지 않겠다며 산으로 들어간 형제였지만 고사리를 찾아 거처를 옮겨 다닌다. 사슴까지 잡아먹으려는 형제의 모습은 절개를 지키려다가 굶어 죽었다는 전설과는 거리가 멀다. 루쉰의 풍자는 전설 속의 영웅을 현실 속의 평범한 인물로 끌어내린다. 루쉰에게 풍자는 전설의 포장까지도 벗겨내는 사실의 기록이었다.

그런데 이런 것도 풍자일 수 있을까 싶었다. 서울 민족 예술단체 총연합 등이 주최하고 더불어민주당을 비롯한 야권의 강경파 의원 12인이 공동주관한 전시회 얘기다. 기사에 실린 사진들을 보니 윤석열 대통령이 어의御衣를 나체로 입고 있는 모습이 그려져 있다. 쓰러져 있는 윤 대통령 위에 김건희 여사로 보이는 여성이 앉아 있는 그림도 있다. 윤 대통령이 나체로 김 여사와 함께 칼을 휘두르는 모습이 담긴 그림도 눈에 띈다. 가짜뉴스로 판명난 '청담동 술자리'를 다룬 그림도 있는데, 윤 대통령은 마이크를 잡고 한동훈 장관으로 보이는 인물은 탬버린을 들고 있다. 마리오네트 인형으로 표현된 윤 대통령 그림에서는 복부가 적나라하게 드러나 있고, 무릎에는 욱일기 문양이 들어간 매듭이 묶여 있다. 한동훈 법무부 장관은 안경을 쓴 개로 그려져 있다.

증오와 혐오만이 가득한 가짜 풍자들

논란이 되자 국회사무처는 전시회를 공동 주관한 무소속 민형배 의원실에 '시정요구' 공문을 보냈지만 불응했고, 결국 그림들은 강제로 철거됐다. 철거를 지시한 이광재 국회 사무총장은 알다시피 민주당 출신의 정치인이다. 그런데도 전시회를 하려 했던 정치인들은 "국회사무처는 풍자로 권력을 비판하겠다는 예술인의 의지를 강제로 꺾었다"고 항의했다.

이들이 전시하려 했던 그림은 풍자가 아니다. 브레히트나 루쉰의 풍자에서 접할 수 있는 깊이도, 공감도 없다. 오직 증오와 혐오의 감정만이 가득 차 있을 뿐이다. 무엇보다 루쉰이 풍자에서 그렇게도 강조했던 '사실'이 없다. 19세기 사실주의 화가 구스타프 쿠르베는 천사를 그려달라는 교회의 주문에 이렇게 답했다. "나에게 천사를 보여주시오. 그러면 천사를 그려주겠소." 쿠르베는 사상이나 관념에 따라 그림을 그리지 않고, 자신이 직접 눈으로 확인하고 느낀 것만을 그렸다. 그러나 오직 정치적 신념으로 사실을 왜곡하며 그림을 그리는 사람들, 그들은 무엇으로 그리는가. 가짜가 진짜를 참칭하는 시절이다.

'정치적 인간'의 빛과 그늘

페이스북을 오랫동안 해왔다. 사적인 일상을 기록하는 사람들이 있는가 하면, 정치 얘기만 하는 사람들도 많다. 그런데 개인으로서의 모습은 드러내지 않고 정치 얘기만 하는 사람들은 낯설다. 정치적 주의 주장이 그 사람을 설명해 줄 수 없기 때문이다. 그가 정치적 올바름을 추구하는 'PC주의자'라는 것과 그가 '좋은 사람'이라는 것은 별개의 얘기이다.

'정치적 인간'은 누구인가

그런 사람들은 대개 한쪽 진영의 철석같은 지지자 혹은 반대자들이다. 유난히 정치에 관심이 많으니 '정치적 인간'(호모폴리티쿠스) 이라고 부르면 되는 것일까. 본래 '정치적 인간'은 긍정적 의미의 말이었다. 아리스토텔레스가 '정치학'에서 "인간은 본성적으로 폴리스를 형성하며 살아가기에 적합한 동물"이라고 했을 때, 행복을 성취하기 위한 정치의 필요성을 말한 것이었다. 한나 아렌트도 '인간의 조건'에서 관조적 삶이 아닌 활동적 삶, 즉 정치적 삶을 강조했다. 정치적인 것의 부활, 정치적 사유와 실천 능력의 복원이 인간다운 삶의 조건이라고 했다.

그러면 우리 사회의 정치 고관심층들은 과연 인간다운 삶을 가져다줄 정치적 삶을 살고 있는 것일까. 정치철학자들의 기대와는 달리 정치에만 매몰된 반쪽짜리 인간들을 양산하고 있음을 보게 된다. 한 인간이 갖추어야 할 것은 정치 말고도 다른 많은 것들이 있다. 그런데 머릿속에 정치만 들어차면 다른 생각들은 자리할 곳이 없게 된다. 정치적 증오심만 가득한 삶으로는'더 좋은 사람'이 되기 위한 인간적 소양을 갖추는 노력을 하기 어렵다.

'정치적인 것의 과잉'이 낳은 문제

지금 우리 정치의 모습이 그러하다. 진영의 팬덤들에 둘러싸인 정치는 극단적인 증오의 정치를 낳았다. 공존의 정신은 쓰레기통에 버려지고 상대를 악마로 만드는 죽기살기식의 싸움만 반복한다. 온갖 허위사실을 꾸며내서 선동을 하다가 사실 아님이 드러나도 누구 하나 제대로 사과하는 법이 없다. 정치인들의 언어와 품격은 사회의 바닥 수준이라 할 만큼 부끄럽다. 지지자들의 입에서는 혐오와 저주의 언어들이 일상화되어 있다. 무엇보다 참담한 것은 그런 당사자들이 자신의 문제가 무엇인가를 생각하지도 성찰하지도 못한다는 점이다. 어떻게 이들을 가리켜 더 나은 세상을 만들려는 '정치적 인간'이라고 할 수 있겠는가. 우리의 문제는 아렌트가 말했던 '정치적인 것의 상실'이 아닌 '정치적인 것의 과잉'에 있다.

'장미의 정원'을 가꿀 정치인

리베카 솔닛의 『오웰의 장미』는 '장미의 정원'을 가꾸는 조지 오웰의 면모를 다룬 독특한 책이다. 오웰의 삶은 흔히 전쟁으로 점철되었다는 소리를 듣지만, 그는 언제나 자연에 관심을 갖고 "일상적인 즐거움과 지금 여기서 누릴 수 있는 기쁨을 경하했다"는 것이 솔닛의 설명이다. 오웰에게 싸움은 '빵'만을 얻기 위한 것이 아니라 '장미'를 얻기 위한 것이기도 했다. "우리가 해야 할 일은 우리에게 단 하나뿐인 이 지상에서의 삶을 살 만한 것으로 만드는 것"이라고 했던 오웰은 자기 무덤에 장미를 심어달라고 부탁했다.

우리에게는 '장미의 정원'을 가꿀 정치인이 과연 있을까. 우리 정치의 불행은 인간으로서의 기본적인 품격과 교양을 갖추지 못하여 국민 평균치에도 못 미치는 정치인들이 국민들의 삶을 이끄는 자리에 올라가 있는 현실에 있다. 합리적 이성은 거세되고 증오의 적개심만 넘치는 정치인들이 나라를 쥐락펴락하는 광경들을 보노라면, 대체 우리에게 정치란 무엇인가를 생각하게 된다.

미래로 가는 정치를 위한 제언

"믿고 지지할 정당이 없다." 요즘 우리 정치가 돌아가는 것을 보면서 이런 푸념을 하는 사람들이 부쩍 많아졌다. 지난 대선의 마지막 순간에 어느 한쪽을 선택했던 마음들이 시간이 지나고 다시 갈 곳을 잃고 떠도는 모습이다.

침묵의 카르텔에 갇힌 여야 정당들

대선을 치를 때는 '전쟁 같은 선거가 끝나고 나면 그래도 무엇인가 달라지는 것이 있지 않을까' 하는 기대도 있었건만, 실낱같은 그런 기대도 속절없이 무너진지 제법 되었다. 집권당이 되자마자 집안싸움에 비대위 체제로 들어가고, 전당대회를 하면서 친윤-반윤 편가르기만 한 국민의힘이 그러했다. 정권을 내놓고서도 여전히 의석 숫자를 무기로 집권당 행세를 하며 극단주의 정치에 매달렸던 더불어민주당의 독선도 마찬가지이다. '민주당 2중대' 프레임에 자승자박한 채 갈 길을 잃고 헤매는 정의당의 현실도 암담해 보인다.

돌아보면 정치 현실이 절망적이었던 때는 우리 정치사에 종종 있었다. 그래도 어느 한구석에서는 그런 정치를 바꾸려는 몸부림들이 있곤 했기에 국민들은 정치에 대한 한 가닥 기대의 끈을 놓지 않았다. 그런데 지금의 상황은 과거와도 많이 달라 보인다. 오늘의 우리 정치가 더욱 참담하게 느껴지는 이유는, 진영 간 무한대결의 정치를 넘어 새로운 정치적 흐름을 만들어가려는 싹이 그 어디에서도 보이지 않는다는 사실 때문이다. '이런 정치로는 더 이상 안된다'는 개탄은 이어지지만 여야 정치권은 정쟁과 파벌싸움으로만 소란할 뿐, 이런 정치를 바꿔야 한다는 아우성에 대해서는 아무런 응답이 없다. 침묵의 카르텔이 여야 정당들을 가둬버리고 있다.

집권여당으로서는 금쪽같았던 시기에 국민의힘이 보여준 혼돈상은 이루 말할 수가 없다. 새로 들어선 윤석열 정부의 국정운영 동력이 되었어야 할 여당이 오히려 동력을 상실하게 만드는데 큰 역할을 했으니 말이다. 집권 초기에 계속된 이준석 전 대표와 '윤핵관'의 대결은 여당을 극심한 분열과 혼란에 갇히게 만들었다. 이 전 대표는 이기주의와 아집으로 가득 찬 정치인의 모습만 보이다가 구성원들의 신뢰를 잃어 대표직을 박탈당하는 상황이 되었다.

과거형 정치 넘어서지 못하는 집권여당

그렇다고 해서 이준석을 내려오게 만드는데 주도적 역할을 한 윤핵관들이 대안으로 인정받는 것도 애당초 불가능한 일이었다. 윤 대통령에게는 윤핵관들이 정권을 함께 세운 공신이며 파트너였겠지만, 국민들 눈높이에서는 과거 정치를 상징하는 인물들일 뿐이었다. 이미 윤핵관은 민심과 어긋나는 언행들로 여러 차례 물의를 빚기도 했지만, 그들을 앞세워 국정을 운영하려 했다면 애당초 민심을 몰라도 너무 모르는 모습이었다.

하지만 국민의힘의 3·8 전당대회를 앞두고 다시 윤핵관이 전면에 등장하는 상황이 야기되고 말았다. 아무리 윤 대통령이 나서서 윤핵관이라는 말을 썼다고 화를 낸다고 해서 해결될 문제는 아니다. 본질은 누가 그런 표현을 썼느냐가 아니라 윤핵관들의 정치가 낡은 정치라는 데 있다.

이준석도 윤핵관도 대안이 아니라는 결론에 이르렀지만, 그렇다고 여당 내에서 미래형 리더십을 보유한 다른 대안적 인물이나 세력은 보이지 않는다. 지금의 김기현 대표 체제가 미래를 향한 대안이라고 생각할 국민은 많지 않을 것이다. 한마디로 대안부재의 상황이다. 이준석도 내려오게 했고 윤핵관들도 물러서게 한들, 그들이 비운 자리를 채울 대안적 리더십이 마땅치 않은 것이 국민의힘이 처한 상황이다.

이런 현실에는 윤 대통령의 책임이 적지 않다. 윤 대통령은 지난 대선에 뛰어들면서 정치를 시작한 신인이었기에 누구에게도 정치적 빚이 없었다. 국민에게 불신받는 기존 질서에 갇히지 않고 우리 정치의 새로운 흐름을 만들겠다는 의지를 가질 만도 했다. 그러나 윤 대통령이 선택한 것은 익숙하고 편한 사람들과의 동거였다. 만약 윤 대통령이 집권 초에 때로는 불편하더라도, 국민들에게 신선감을 줄 수 있는 정치인들을 껴안고 전진 배치하는 인사를 했다면 윤석열 정부에 대한 평판은 많아 달라졌을 것이다. 하지만 윤 대통령은 새롭고 큰 그림을 그리지 못했다.

달라질 줄 모르는 민주당의 팬덤정치

정권은 내놓았지만 국회에서는 여전히 집권당으로 군림하고 있는 민주당의 앞날 또한 암담해 보인다. '검수완박'의 입법독주에 대한 역풍을 맞아 지방선거까지 참패 당했음에도, 민주당은 여전히 무소불위의 국회권력이라는 힘을 과시하곤 한다. '김건희 때리기'에 올인하는 모습에서는 정권의 가장 약한 고리를 찾아 타격하는 정치 기술자들의 모습이 떠오를 뿐이다. 민주당 역사에서 '역대급 강성' 지도부라는 평가가 무색하지 않게 민주당은 갈수록 강경해지는 정치로 질주하고 있다.

민주당이 이토록 달라질 줄 모르는 정당이 된 데는 이재명 대표의 책임이 크다. 대선에 이어 지방선거 패배의 큰 책임이 따르는 이 대표였건만, '방탄' 논란을 무릅쓰고 국회의원에 이어 당대표 자리까지 거머쥐었다. 민주당은 최고위원들 또한 친이재명계가 절대 다수인 '이재명당'이 되었다. 그런 민주당이 한 것은 이재명 대표 체포동의안을 부결시키는 일이었다. 이 대표는 여론이 악화되자 뒤늦게야 불체포특권을 포기하겠다고 했지만, 민주당은 앞으로도 이 대표로 인한 '사법 리스크'에 갇히게 될 것으로 보인다.

과거 김대중, 노무현 시절의 민주당은 이러지 않았다. 민심을 무섭게 알고 균형의 길을 가던 민주당이었다. 그러던 당이 '문재인 민주당' 시절부터 철저하게 진영정치를 추구하는 당으로 변질되기 시작했다. '문재인을 지키자'며 팬덤층들이 대거 권리당원으로 입당하여 당의 의사를 좌우하게 되었다. 당의 주류와 다른 목소리를 내는 정치인은 팬덤들의 문자폭탄에 시달리다가 공천도 받기 어려운, 하나의 의견만이 허용되는 당이 되어버렸다.

극단의 진영정치 넘어 미래를 향한 정치로 가야

이런 환경에서는 극단적 진영대결의 정치를 극복하고 미래지향적인 공존의 정치를 내건 새로운 정치인들이 설 자리가 없다. 오늘의 정치 상황에 대해 어느 당의 책임이 더 큰가를 따지는 일은 큰 의미가 있어 보이지 않는다. 여야가 함께 나쁜 정치를 하고 있으니 서로가 상대편을 위안 삼아 안이한 정치적 나태의 늪에서 빠져나올 생각을 하지 않는 것이다.

국민의힘이든 민주당이든, 어느 한쪽이라도 먼저 진정한 환골탈태의 모습을 보인다면 다른 한쪽도 지켜보고만 있을 수는 없을 것이다. 그런데 서로가 그 모습 그대로이니, 그냥 이대로 가도 되겠다는 생각을 함께 하게 되는 셈이다. 이런 비겁한 침묵을 깨고 한국정치의 '비상선언'을 할 정치인들은 이제 정말 다 사라져버린 것일까.

이제 낡은 사고의 타성에 젖은 정치인들을 교체하여 정치판을 변화시킬 새로운 인물들이 등장해야 한다. 그런데 우리 정치를 돌아보면 진영대결의 정치를 넘어 새로운 흐름을 만들려던 시도들이 번번이 좌절되곤 했다. 안철수 의원이 20대 총선을 앞두고 만들었던 국민의당이 그러했고, 김동연 경기지사가 지난 대선을 앞두고 만들었던 '새로운 물결'이 그러했다. 국민의당은 당을 만들었던 안 의원이 바른미래당 창당을 위해 사실상 당을 해체시키는 행보를 선택함으로써 자멸했고, 제3의 길을 내걸었던 김동연 지사는 이재명 민주당 후보의 편에 서면서 새로운 물결의 길을 스스로 포기해 버리고 말았다.

이러한 실패의 경험들이 거듭되면서 새로운 정치질서를 만들려는 자신감들이 많이 상실된 상태이다. 새싹들이 생겨나야 장차 열매가 맺어질 수 있는데, 그런 싹이 될 엄두를 내는 정치인들을 더 이상 찾아보기 어려운 현실이다. 우리 정치에 필요한 것이 꼭 제3의 세력만은 아니다. 기존의 여야 정당 내에서도 미래형 리더십을 보여가면서 당 안팎에서 새로운 정치의 모습을 보이는 정치인들의 활약도 아쉽다. 제3의 세력이든 기존 여야 정당 내부에서이든, 새로운 움직임은 절실하다.

공존의 정치 위한 선거구제 개편 필요

우리 정치가 이런 무기력증에서 벗어나 여야 양당만의 극한적인 대결정치에서 벗어나고 공존의 정치로 가기 위해서는 선거구제 개편이 필요하다. 마침 윤석열 대통령이 올해 초 언론과의 인터뷰에서 선거구제 개편 검토 필요성을 강조해서 눈길을 끌었다.

윤 대통령은 "선거제는 다양한 국민의 이해를 잘 대변할 수 있는 시스템이 돼야 하는데 소선거구제는 전부 아니면 전무로 가다 보니 선거가 너무 치열해지고 진영이 양극화되고 갈등이 깊어졌다"면서 "지역 특성에 따라 2명, 3명, 4명을 선출하는 방법도 고려해 볼 수 있다"고 말했다. "정치 시작 전부터 오랫동안 그렇게 생각해왔다. 중대선거구제를 통해 대표성이 좀 더 강화되는 방안을 검토해 볼 필요가 있다"는 것이 윤 대통령의 얘기였다. 실제로 윤 대통령은 이전에도 '중대선거구제'에 대한 관심을 표해왔다. 대선 후보 때 TV토론에서도 현재의 승자독식 소선거구제의 문제점을 지적하며 "정치개혁에서 개헌보다 중요한 건 선거제도의 개혁이다. 개인적으로 중대선거구제를 정치하기 전부터 선호해왔다"고 밝힌 바 있다.

현행 소선거구제와는 달리 중대선거구제는 1개 지역구에서 여러 명의 의원을 선출한다. 유권자들의 사표死票를 최소화한다는 장점도 있고, 무엇보다 군소 정당이나 신생 정당들도 의석을 얻어 다당제의 환경이 가능해진다는 효과가 있다. 지금과 같은 양극단의 대결정치를 극복하는 새로운 정치구도를 위해 적극적으로 검토하고 고민할 필요가 있다. 윤 대통령의 선거구제 개편 발언과 함께 정치권에서의 여러 움직임들이 눈에 띄고 있다. 김진표 국회의장도 선거구제 개편을 위한 선거법 개정의 필요성을 계속 강조하는 입장이다. "승자독식 패자전몰의 선거제도를 개선하는 일도 시급하다"는 것이 김 의장의 인식이다.

대통령과 국회의장이 선거구제 개편에 대해 적극적인 발언을 했다고 해도 성사되기가 쉽지 않은 의제임에 분명하다. 기존 현역 의원들의 기득권이 보장되는 소선거구제를 변경시키는 데 대한 저항을 어떻게 넘어설 수 있을지가 관건이다. 그런데 정개특위에서의 논의가 지지부진한 현재와 같은 국회 분위기에서는 22대 총선 이전에 의미있는 선거구제 개편은 기대하기 어려울 듯하다.

챗GPT 시대, 정치의 패러다임 바꿀 정치인들이 많아야

지난 1월 여야 의원 121명이 참여하는 '초당적 정치개혁 의원모임'이 출범했다. 이들은 선언문에서 "국회는 국민들에게 큰 실망만 안기고 있다. 이런 난맥은 국민들의 투표 절반 가까이 사표로 만들어버리는 소선거구제도에서 대부분 비롯된다"며 "이제 국민의 정치적 의사와 민의民意가 제대로 반영될 수 있는 선거제도가 절실하다"고 밝혔다. 이들 의원들은 정당의 구분을 넘어 선거구제 개편의 필요성을 적극적으로 개진했지만, 여야 양당 지도부의 반응은 눈에 들어오지 않는다.

사실 양당의 낡은 진영정치를 넘어 미래정치를 열어가는 일은 정당과 정파의 구분을 따질 일이 아니다. 정당은 달라도 뜻을 함께 하는 정치인들이 이렇게 힘을 합해 나갈 때 새로운 흐름들이 만들어질 수 있다. 무거운 침묵만이 둘러싸고 있던 우리 정치에는 이제 새로운 정치적 반란들이 필요하다.

AI인공지능 시대의 챗GPT가 세계적인 선풍을 몰고오는 세상이다. 챗GPT는 인류의 삶을 바꿔놓게 될 새로운 신호로 받아들여지고 있다. 진영의 정치적 이해관계에 갇혀 죽느냐 사느냐의 싸움만 벌이고 있는 낡은 정치로는 더 이상 이런 변화의 시대를 감당할 수 없다. 시대의 변화와 함께 갈 수 있도록 정치의 패러다임이 바뀌어야 한다. 이를 위해 새로운 사고와 능력을 가진 정치인들이 여야 정당의 울타리를 넘어 우리 정치의 전면에 나서야 한다. 아무런 능력과 실력도 없이 그저 목소리만 큰 정치기술자들의 시대는 끝날 때가 이미 지났다.

에필로그

이 책의 원고를 다 정리하고 나서 전익수 전 공군본부 법무실장에 대한 1심 선고 소식이 전해졌다. 법원은 고故 이예람 중사 사망 사건 군 수사에 부당 개입한 혐의로 기소된 전익수 전 실장에 대해 무죄를 선고했다.

내가 이 사건 재판에 관심을 가졌던 것은 애당초 군인권센터라는 시민단체의 조작된 폭로로부터 실체가 부풀려지면서 특검 수사와 무리한 기소로까지 진행되었음을 알고 있기 때문이다. 문재인 정부 시절 군인권 정책에 커다란 영향력을 행사했던 진보적 시민단체인 군인권센터는 위조된 녹취록과 조작된 기계음 음성 파일을 제보받아 전익수 전 실장과 관련된 허위 폭로를 했다. 상식적으로 그런 엄청난 폭로를 하면서 자료의 조작을 모르지 않았을 군인권센터였지만, 아직까지 그에 대한 사과 한번 한 적이 없다. 설혹 몰랐다 한들, 조작된 폭로를 한 것이 드러난 이상 그에 대해 책임지는 모습을 보였어야 마땅했다.

물론 이예람 중사 사망 사건은 참으로 비통한 일이었고 그 진상은 철저히 밝혀져야 했다. 하지만 그렇다고 해서 자신들의 정치적 의도에 따라 음모론을 꾸며내고 선동을 하는 행위가 정당화 될 수는 없다. 그러나 조작된 제보와 폭로에 대한 책임은 물어지지 않은 채 음모론이 자극한 여론에 떠밀려 특검이 진행되었다. 특검은 빈손으로 끝낼 수 없었기에 전익수 전 실장을 특정범죄가중처벌법상 면담강요 혐의로 무리하게 기소했던 것으로 보인다. 전 전 실장이 군 검사에게 전화를 건 행위가 부적절했는지에 대한 판단과는 별개로, 입만 열면 정의를 말하는 시민단체가 음모와 조작의 장본인이 되었던 사실은 우리 시민단체 역사에 남긴 수치스러운 기록이다.

책 말미에 이 재판에 관한 얘기를 길게 하는 것은 이 책에서 다루고 있는 선동정치의 문제와 궤를 같이하는 대표적 사건이라는 판단 때문이다. 도덕성을 생명으로 하는 시민단체조차도 조작된 허위 폭로를 갖고 자신들의 정치적 목적을 달성하려는 행태를 보인 것이다. 선동의 정치가 정치권 뿐 아니라 사회 전체에 얼마나 확산되었는가를 보여주는 사례라 할 수 있다.

나는 이 책을 통해 선동의 정치가 어떻게 사람들의 이성을 마비시켜 왔는가를 많은 사례들을 통해 살펴보려 했다. 자칭 '깨어있는 시민'들이 그런 선동에 따라 휘둘리는 광경들도 역사의 아이러니라는 생각이 든다. 이 시대에 진정으로 '깨어있는 시민'은 거짓을 꾸며내고 유포하는 행위를 감시하고 고발하는 합리적 이성을 가진 시민들일 것이다.

선동의 정치를 비판하고 극복하자고 말하는 것은 어느 정파의 유불리를 넘어선 우리 정치 전체의 문제다. 거짓을 꾸며내는 정치를 추방하는데 진영과 정파의 입장이 다를 이유가 없다. 이 책을 읽은 독자들부터 더는 그런 선동의 정치에 휘둘리지 않겠다는 마음 속 다짐을 해주었으면 하는 것이 저자의 바람이다. 여러 가지로 부족한 책을 읽어주신 독자들께 진심으로 감사드린다.

선동은 이성을 어떻게 무너뜨리는가
김건희 죽이기

초판 1쇄 발행 2023년 8월 10일
초판 1쇄 인쇄 2023년 8월 14일

지 은 이 유창선
발 행 인 고명석, 전익균
이 사 김영진, 김기충
편 집 전민서
디 자 인 최윤정
관 리 이지현, 정정오
펴 낸 곳 새빛컴즈

전화 (02) 2203-1996, (031) 427-4399 **팩스** (050) 4328-4393
출판문의 및 원고투고 이메일 svcoms@naver.com
등록번호 제215-92-61832호 **등록일자** 2010. 7. 12

가격 18,000원
ISBN 979-11-974717-9-7 03340

* (주)새빛컴즈는 새빛에듀넷, 새빛북스, 에이원북스, 북클래스 브랜드를 운영하고 있습니다.
* (주)아미푸드앤미디어는 북카페 아미유를 운영중에 있습니다.
* 파본은 구입처에서 교환해 드리며, 관련 법령에 따라 환불해 드립니다.
다만, 제품 훼손 시에는 환불이 불가능합니다.